基本から庁内の動きまで
しっかりわかる

自治体 図解
マイナンバー
業務

ぎょうせい

自治体の主なマイナンバー業務

システム
情報システム担当

制度統括
企画・DX担当

安全管理措置・PIA
総務担当

マイナンバー付番など住基
住民・住基担当

条例・規則
総務・法規担当

マイナンバーカード発行
住民・住基担当

番号利用事務
税・福祉担当など

番号関係事務
人事・給与担当

※担当部署名は自治体により異なるため、あくまで例示です。

はじめに

　マイナンバー制度は、自治体のほぼすべての部署が関わるといってもいいほど幅広い分野にまたがっている重要な法制度ですが、法改正が頻繁に行われ、自治体の業務がしばしば変更となる事態が発生しています。このため、私たち自治体職員はマイナンバー制度を常にウォッチし、制度情報を抜け漏れなくアップデートをすることが求められています。しかし、正直なところ正しくこれらの情報を追いかけて、制度の全体像を理解できている職員は数えるほどしかいないでしょう。

　一方で、いわゆる番号制度に対する根強い批判や、住民の理解が追い付かない不安もあるためか、「なんだか怖いマイナンバー」という意見が根強い。そして、制度を維持、推進する立場である自治体職員も、「マイナンバー研修」と称する厳密なマイナンバー管理の注意ばかりが繰り返され、短い職場異動周期のなかで制度の全体像を把握する暇もなく、住民と同様な感覚を持ってしまっている方が多いのではないでしょうか。

　そこで、制度開始当初からマイナンバーにかかわってきた現職自治体職員を中心に、私たちは、次のような自治体職員の方々のニーズにお応えすべく、本書を製作しました。

■マイナンバーに携わる職場に初めて配属されたので、マイナンバー制度やその仕組みの基本をざっくりと理解したい
■住民からいろいろと問い合わせを受けるが、その質問にしっかりと答えたい
■異動で現場を離れて戻ってみたら、マイナンバー制度が思ったより変わっていた。振り返って学び直したい
■たとえばマイナンバーカードはどう発行しているのかなど、自分の部署以外がどのような業務をしているのか知っておきたい

　いま、マイナンバー制度は、普及促進のフェーズから利活用のフェーズに変わっています。本書で制度の概要をマスターしていただき、マイナンバーを武器にデジタル改革の実現に向けて、がんばっていきましょう。

　2024年7月

共著者を代表して
遠藤芳行

おさえておきたい基本のキ
マイナンバー、マイナンバーカード、マイナポータル

詳しくは
Part1！

マイナンバー

 1234 5678 9012

マイナンバーって？
「住民票をもち、日本に住んでいるすべての人」に一人ひとりに付番された12桁の番号。国の行政機関や自治体などが、法令または条例で定められた行政手続きを行う場合に限って利用するもの。

マイナンバーでできること
☑さまざまな行政手続き（書面・オンライン両方）をする際、各種証明書の取得・添付を省略することができる

詳しくは Part 2!

マイナンバーカード

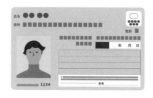

マイナンバーカードって?

氏名、住所、生年月日、性別などが記載された顔写真付きのプラスチックカードです。マイナンバーカードには、券面に記載された事項以外の機微な個人情報は保存されていません。

マイナンバーカードでできること

- ☑ 本人確認書類として利用できる
- ☑ コンビニで住民票の写し等各種証明書が取得できる
- ☑ 健康保険証、図書館カードなど各種カードとして利用できる
- ☑ 公金受取口座を登録することで給付金の受取がスムーズになる
- ☑ オンラインで確定申告の申請ができる

ログイン ＋ 暗証番号

詳しくは Part 4!

マイナポータル

マイナポータルって?

国民一人ひとりが、オンラインでさまざまな行政サービスを受けることができる政府公式ウェブサイトです。利用には、マイナンバーカードと暗証番号の入力が必要です。

マイナポータルでできること

- ☑ 引っ越しの手続き(転出届の提出など)ができる
- ☑ 年金の手続き(国民年金保険料の免除申請など)ができる
- ☑ パスポートの手続き(切替申請など)ができる
- ☑ 子育て・介護に関する申請ができる
- ☑ 診療・薬剤・医療費・健診情報の確認ができる
- ☑ 各種お知らせを確認できる

※国が各個人の情報についてマイナポータルを利用して取得・閲覧することはできません

出典：デジタル庁ウェブサイト「マイナンバー関連情報 参考資料」をもとに作成

「私の担当業務はどのあたり？」を把握するための
自治体庁内の流れがわかる図

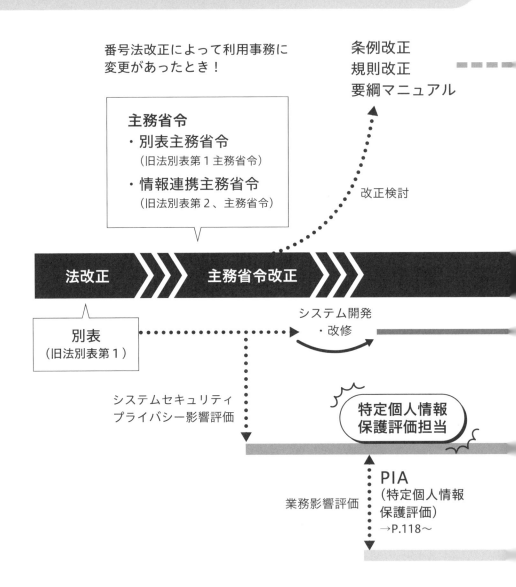

※本書では、「行政手続における特定の個人を識別するための番号の利用等に関する法律第十九条第八号に基づく利用特定個人情報の提供に関する命令」を「情報連携主務省令」と表記します。

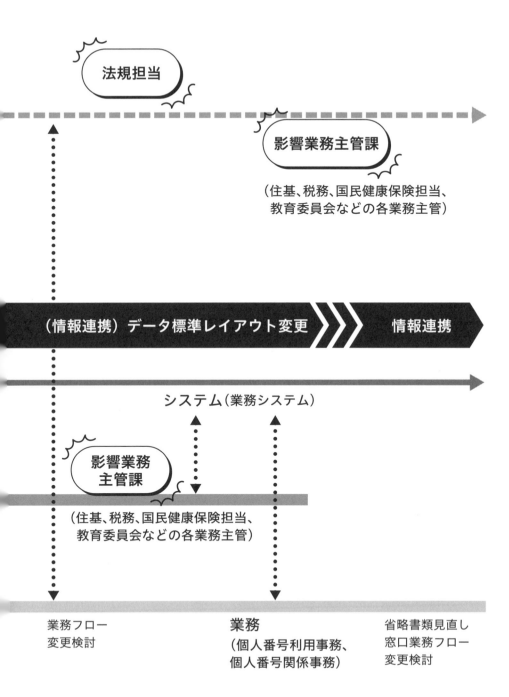

マイナンバーカード担当は確認しておきたい
次々に改正されるマイナンバーカード事務の対応

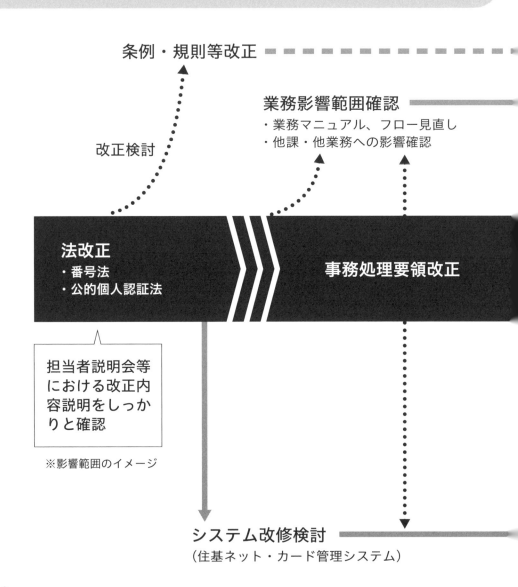

※影響範囲のイメージ

→ 体制整備　→　様式改正　→　窓口担当者
　・物品等の調達　　HP・チラシ類　　への研修
　　　　　　　　　修正

　　　　　　　　住民周知・広報など

・個人番号カードの交付等に関する事務処理要領
・公的個人認証サービス事務処理要領

施行
・実際の事務処理開始

まずは図解でさっくり理解しておこう
マイナンバーはこんなふうに付番されている

出生
海外転入
取扱記載

市区町村

住民が提出

出生届等

住民

①【市区町村】
住民基本台帳テーブルに住民票コードを登録

②【市区町村】
住民票コードをJ-LISに通知

③【J-LIS】
通知された住民票コードに対応したマイナンバーを生成

地方公共団体情報システム機構（J-LIS）

マイナンバー生成機能　対応テーブル

住民票コードA	マイナンバーX
住民票コードB	マイナンバーY
❸ 住民票コードC	マイナンバーZ

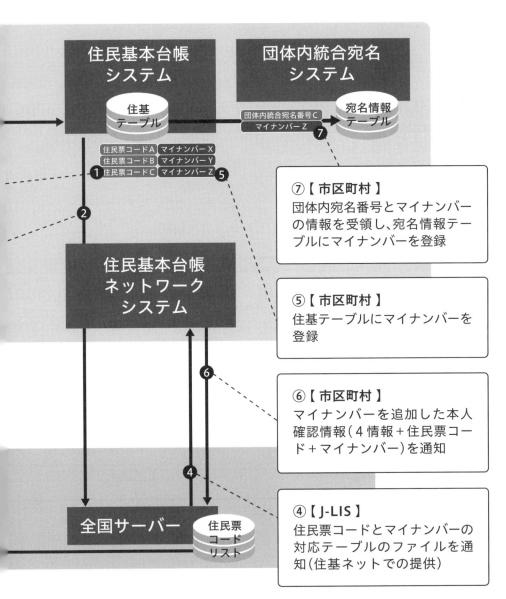

出典：総務省ウェブサイトをもとに作成

常に確認しておきたい
国の各種計画・指針・関連サイト等

デジタル社会の実現に向けた重点計画
（R6.6.21閣議決定）

○今後の普及策や利活用の工程について掲載
○デジタル庁ウェブサイト
https://www.digital.go.jp/policies/priority-policy-program

自治体デジタル・トランスフォーメーション（DX）推進計画（など自治体DXの推進）

○自治体における取り組み方針や国の支援策について掲載
○総務省ウェブサイト
https://www.soumu.go.jp/denshijiti/index_00001.html

デジタル庁ウェブサイト「マイナンバー（個人番号）制度・マイナンバーカード」

○制度概要や最新の活用事例、チラシデータなどを掲載
https://www.digital.go.jp/policies/mynumber

総務省ウェブサイト「マイナンバー制度とマイナンバーカード」

○全国自治体の交付率を月別で公開
https://www.soumu.go.jp/kojinbango_card/

個人情報保護委員会ウェブサイト「マイナンバー」

○特定個人情報（マイナンバー）に関する法令、ガイドライン、
　Q＆A、漏えい等事案が発生した場合の対応、監視・監督方針、
　検査結果、研修資料や、特定個人情報保護評価を掲載
https://www.ppc.go.jp/legal/

厚生労働省ウェブサイト「マイナンバーカードの健康保険証利用について」

○マイナンバーカードの健康保険証利用に関する最新の動向を掲載
https://www.mhlw.go.jp/stf/newpage_08277.html

地方公共団体情報システム機構（J-LIS）ウェブサイト「マイナンバーカード総合サイト」

○マイナンバーカードの手続き方法について掲載
https://www.kojinbango-card.go.jp/

デジタルPMO

○過去の自治体向け説明会資料や動画が掲載
○マイナンバー制度統括担当者課に確認してください

デジタル庁ウェブサイト「デジタル改革共創プラットフォーム」

○自治体と政府機関の職員であれば誰でも参加ができる
　コミュニケーションプラットフォーム
https://www.digital.go.jp/get-involved/co-creation-platform

目次

はじめに ……………………………………………………… 2

おさえておきたい基本のキ
マイナンバー、マイナンバーカード、マイナポータル … 4

「私の担当業務はどのあたり？」を把握するための
自治体庁内の流れがわかる図 …………………………… 6

マイナンバーカード担当は確認しておきたい
次々に改正されるマイナンバーカード事務の対応 … 8

まずは図解でさっくり理解しておこう
マイナンバーはこんなふうに付番されている … 10

常に確認しておきたい
国の各種計画・指針・関連サイト等 …………………… 12

Part 1

マイナンバー制度を
確実におさえる

マイナンバー制度の基本を学び直そう ……………………… 20

マイナンバーの意義と指定とは？ …………………………… 22

個人番号とは？ マイナンバーとは違うの？ ……………… 24

マイナンバーを確認する方法を説明できるようにしよう … 26

マイナンバーを利用できる事務と利用できる人① ……… 28

マイナンバーを利用できる事務と利用できる人② ……… 30

自治体の人事のシゴトにおけるマイナンバー …………… 32

番号法等改正への対応をおさえよう ……………………… 34

Part 2
マイナンバーカードの
基礎知識をおさえる

マイナンバーカード担当の業務を知ろう ・・・・・・・・・・・・・・・・・ 38

マイナンバーカードを知ろう① ・・・・・・・・・・・・・・・・・・・・・ 42

マイナンバーカードを知ろう② ・・・・・・・・・・・・・・・・・・・・・ 44

電子証明書を知ろう ・・・・・・・・・・・・・・・・・・・・・・・・・・・ 46

有効期限の違いを知ろう ・・・・・・・・・・・・・・・・・・・・・・・・ 48

マイナンバーカードは何に使えるの？① ・・・・・・・・・・・・・・・ 50

マイナンバーカードは何に使えるの？② ・・・・・・・・・・・・・・・ 52

スマホで完結！ 便利なスマホ用電子証明書 ・・・・・・・・・・・・ 54

顔認証マイナンバーカードとはどんなもの？・・・・・・・・・・・・・ 56

マイナンバーカードの申請方法を知ろう① ・・・・・・・・・・・・・・ 58

マイナンバーカードの申請方法を知ろう② ・・・・・・・・・・・・・・ 60

マイナンバーカードの申請方法を知ろう③ ・・・・・・・・・・・・・・ 62

マイナンバーカードを交付するまでに行うこと①交付時来庁方式 ・・・ 64

マイナンバーカードを交付するまでに行うこと②申請時来庁方式 ・・・ 66

マイナンバーカードの交付事務のポイントを知ろう ・・・・・・・・・ 68

マイナンバーカードに係るその他の事務を知ろう① ・・・・・・・・ 70

マイナンバーカードに係るその他の事務を知ろう② ・・・・・・・・ 72

住民基本台帳カードと通知カードにも残された業務がある・・・・ 74

マイナンバーカードの今後の動向を把握しよう・・・・・・・・・・・・ 76

利活用に関する情報をリサーチしよう ・・・・・・・・・・・・・・・・・ 78

Part 3

しっかり知りたい
情報連携のしくみ

情報連携の目的とメリットを知ろう① ・・・・・・・・・・・・・・・・・・・・ 82

情報連携の目的とメリットを知ろう② ・・・・・・・・・・・・・・・・・・・・ 84

マイナンバー制度における3つの情報連携 ・・・・・・・・・・・・・・・ 86

情報連携ができる事務を知ろう ・・・・・・・・・・・・・・・・・・・・・・・・・ 88

他の行政機関とつながる専用システムって？① ・・・・・・・・・・・ 90

他の行政機関とつながる専用システムって？② ・・・・・・・・・・・ 92

情報提供ネットワークシステムと自動連携する中間サーバー ・・・ 94

庁内ではどのように情報連携をしている？ ・・・・・・・・・・・・・・・ 96

自治体独自の事務も
マイナンバーで情報連携ができるものもある ・・・・・・・・・・・・・ 98

情報連携の徹底活用で住民・職員の負担を減らそう ・・・・・・・・ 100

Part 4

マイナポータルを
説明できるようにする

マイナポータルはなんのためにある？ ・・・・・・・・・・・・・・・・・・・ 104

マイナポータルでできること① ・・・・・・・・・・・・・・・・・・・・・・・・・ 106

マイナポータルでできること② ・・・・・・・・・・・・・・・・・・・・・・・・・ 108

マイナポータルその他の機能① ・・・・・・・・・・・・・・・・・・・・・・・・ 110

マイナポータルその他の機能② ・・・・・・・・・・・・・・・・・・・・・・・・ 112

マイナポータルのログイン方法 ・・・・・・・・・・・・・・・・・・・・・・・・・ 114

Part 5

忘れちゃいけない！
安全管理措置

特定個人情報保護評価（PIA）の
作成が義務づけられている ・・・・・・・・・・・・・・・・・・・・・・・・・・・ 118

特定個人情報保護評価（PIA）は
目的を意識しながら作成する ・・・・・・・・・・・・・・・・・・・・・・・・・ 120

特定個人情報ってなに？ ・・・・・・・・・・・・・・・・・・・・・・・・・・・・・・ 122

マイナンバーで情報を一元管理するの？ ・・・・・・・・・・・・・・・・ 124

マイナンバーの本人確認はどうやるの？ ・・・・・・・・・・・・・・・・ 126

留意しなければならないマイナンバーの紐づけの誤り ・・・・・ 128

マイナンバーと個人情報の取り扱いは
厳密がゆえに罰則がある ・・・・・・・・・・・・・・・・・・・・・・・・・・・・・ 130

事故発生時に対応するために安全管理措置で備える ・・・・・・・ 132

装丁、本文・図版デザイン：工藤公洋

DTP：G-clef（山本秀一、山本深雪）

●本書は2024年7月1日現在の情報をもとに執筆しています。
●運用の際は各自治体の判断に従ってください。

＜本書の使い方＞
[参照]：より理解を深めたいとき、ここで挙げているウェブサイトを確認してみましょう。
[重要度]：本書の内容はすべて重要度が高いものではありますが…、もし、優先度をつけて読みたいときは、★の数が
　　　　　5つのものから読んでみてください。

Part 1

マイナンバー制度

を
確実におさえる

マイナンバー制度の基本を学び直そう

マイナンバー制度の目的

「行政手続における特定の個人を識別するための番号の利用等に関する法律」（番号法）の成立（2013年5月31日公布）により、2016年1月1日にマイナンバー制度が本格的に開始されました。デジタル庁ウェブサイトでは、マイナンバー制度は、「デジタル社会の基盤として、国民の利便性向上と行政の効率化をあわせて進め、より公平・公正な社会を実現するためのインフラ」とあります。

公平・公正な社会の実現を目指すために

番号法が目指す「公平・公正な社会」とは、「税や社会保障の負担を不当に免れることや不正受給の防止、さらに、情報の共有によって本当に困っている方へのきめ細かな支援が可能」となる社会です。マイナンバー制度の成立前から「社会保障・税番号制度」と呼ばれていたことが、そのゆえんです（法案成立時に災害対策が加わり、さらに後述する法改正により社会保障・税分野以外にも利用範囲が拡大されました）。

マイナンバーで個人を特定し、所得（税）情報、社会保障制度の受給情報等を正確に把握することで、行政機関は公的支援を必要とする住民を見つけやすくなります。日常生活のさまざまな困りごとがあるなど、公的に助けを受けられることを知らない人もいます。行政側が見つけてその住民にあった支援を知らせられることがマイナンバー制度の大きな目的の1つです。

総務省「マイナンバー制度」https://www.soumu.go.jp/kojinbango_card/01.html
デジタル庁「マイナンバー（個人番号）制度・マイナンバーカード」
https://www.digital.go.jp/policies/mynumber

重要度 ★★★★★

●マイナンバー制度 3つの目的

公正・公平な社会の実現
給付金などの不正受給の防止

マイナンバー制度は、
行政を効率化し、
国民の利便性を高め、
公平・公正な社会を実現する
社会基盤

行政の効率化
手続きをムダなく正確に

国民の利便性の向上
面倒な行政手続きが簡単に

出典：総務省「マイナンバー制度」

●マイナンバーの利用範囲

マイナンバーは社会保障・税・災害対策分野などの法律で定められた行政手続きにしか使えない

社会保障
◎年金の資格取得、確認、給付
◎雇用保険の資格取得、確認、給付
◎ハローワークの事務
◎医療保険の保険料徴収
◎福祉分野の給付、生活保護 etc.

新型コロナワクチン接種においても使用されました

税金
◎税務当局に提出する確定申告書、届出書、調書などに記載
◎税務当局の内部事務 etc.

災害対策
◎被災者生活再建支援金の支給
◎被災者台帳の作成事務

法改正による利用範囲の拡大
◎自動車にかかわる登録（所有者の変更申請）
◎国家資格のオンラインによる更新申請
◎在留外国人の行政手続き（在留諸申請のオンライン化）

まとめ +α
マイナンバー制度の3つの目的はしっかりと覚えておきましょう。「どうしてこれが掲げられたか？」の背景と、次の項で詳述するマイナンバーの意義も同レベルで重要！

マイナンバーの意義と指定とは？

個人に一意の番号をつけるということ

　マイナンバーは 12 桁の数字からなる 1 人に 1 つの番号です。では、このような番号がなぜ必要なのでしょうか。人を識別する際には、一般的に氏名、生年月日、性別、住所の 4 情報を使います。自治体の現場では実感できると思いますが、住民のなかには、同姓同名の人や生年月日が同じ人がいます。同姓同名で生年月日が同じ人もいます。また、氏名・性別・住所は一生変わらないものではないうえ、住所には「一丁目 1 番 1 号」と「1 － 1 － 1」など “表記ゆれ” が多くあります。さらに、使われる漢字にはさまざまな字体が存在し、行政機関や使われているシステムが異なると互いに正しく確認することができず、そのままでは機械的な識別には適しません。そのため、これまでは機関、組織間で広く同一人物を特定する必要がある業務では手作業による判別作業が行われてきました。そこで、個人を識別して特定するための「一意」（「重複のない、固有の」との意）のものが必要となり（データベースでいうと主キー）、制度や組織（機関）を超えた共通の一意の番号を持つことで個人を誤りなく識別できるようになりました。

　2023 年に問題となった「マイナンバーの紐づけ誤り」の主な原因は、①行政機関等が本人からマイナンバーを取得していなかった、②①のために本人を識別できなかった、③紐づけ作業の一部が手作業で行われていた、④マイナンバーを取得する際に紐づけ作業ミスがあったことです。せっかく便利なマイナンバーでも、適切に取得して運用しなければ、ミスが起こり、住民に不安を感じさせてしまいます。特に、事務処理をする自治体に住民票登録がされていない、いわゆる「住登外者（住民登録外者）」については、自団体の住民票の確認ができないために紐づけ誤りが発生する可能性が高いといわれています（P.128 でも解説）。

参照　デジタル庁「マイナンバー情報総点検本部」
https://www.digital.go.jp/councils/mynumber-all-check/

重要度 ★★★

●なぜマイナンバーがある？

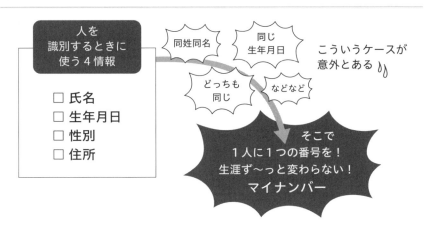

●マイナンバーが指定される人

◎日本国籍があり日本に住所がある人
◎住民票がある外国人（3か月以上の中長期や永久に日本に住む在留資格をもつ外国人）

◎2015年10月時点で外国に住んでいて、住民票がない日本人（帰国後、日本の住所に移ったときにマイナンバーが指定される）
◎住民票がない外国人

◎一度付番されると番号は生涯変わらない
◎悪用されたり、不正に使用されたりする可能性がある場合は変更できる
◎海外転出したのち再転入しても番号に変更はない

まとめ +α 意義と指定は、デジタル庁から自治体に展開されている『マイナンバー利用事務におけるマイナンバー登録事務に係る横断的なガイドライン』に定められていますので、十分確認してください。

個人番号とは？
マイナンバーとは違うの？

個人番号の愛称がマイナンバーです

　個人番号は、番号法において「住民票コードを変換して得られる番号であって、当該住民票コードが記載された住民票に係る者を識別するために指定されるもの」と定義されています。

　住民票コードとは、住民基本台帳法に基づく住民票をもつ日本人と外国人すべてに割り振られた番号であり、個人番号とはこの住民票コードから生成された12桁の番号のことをいいます。「マイナンバー」とは、2011年の一般公募で18名がつけた「マイナンバー」を呼称とすることが決まり、使われはじめました。

　なお、番号法の改正により、2024年5月から、在外邦人も戸籍の附票をもとに（実運用上は附票の記録をもとに住民票の記録をたどって）マイナンバーカードの交付ができるようになりました。ただし、個人番号が付番配布された2015年10月以前に海外転出された人は、個人番号の記録がないため、カードの交付はできません。

　個人番号の特性については右ページの図を参照してください。

　番号法以前からも、ほとんどの自治体は、住民等を識別するための庁内共通の独自番号をもっていました。前項で解説したとおり、住民一人ひとりを明確かつ効率よく識別しなければ正確な行政処分は行えないからです。そのため、自治体の業務にコンピュータが導入された当初から（初期のコンピュータは漢字が使えませんでしたから、なおさらです）、「ローカルなマイナンバー」として、筆者の自治体を例に挙げれば、その独自番号のことを「個人番号」と称して利用していました。しかし、現在は番号法上の個人番号（マイナンバー）との混同を避けるため、多くの自治体では「宛名番号」などという名称に変更され、今も利用されています。

24

重要度 ★ ★ ★ ★ ★

●個人番号とはどんなもの？

> 番号法
> **第2条**
>
> 5　この法律において「個人番号」とは、(略) 住民票コード (略)を変換して得られる番号であって、当該住民票コードが記載された住民票に係る者を識別するために指定されるものをいう。

住民票をもつ日本人・外国人に
割り振られた番号11ケタ

＋

検査用
1ケタ

個人番号（マイナンバー）

●個人番号の特性

■**個人に**
① **悉皆性**（しっかいせい＝もれなく、すべての意）：住民票を有する全員に付番
② **唯一無二性**：1人に1つの番号を、重複のないように付番し、使い回ししない
③ 官民の関係で流通させて利用可能にする**視認性**（見える番号）
④ **最新の基本4情報（氏名、住所、性別、生年月日）と関連づけられている番号**を付番するしくみ

まとめ +α

「マイナンバー」は個人番号の呼称、愛称のこと。個人番号の導入前も、自治体は住民等を識別するための庁内共通の独自番号をもっていましたが、それを多くの自治体では宛名番号などと呼んでいます。

Part 1

マイナンバー制度を確実におさえる

マイナンバーを確認する方法を説明できるようにしよう

自分のマイナンバーを知る方法

「私のマイナンバーを教えて！」

マイナンバー担当は、電話でこんな問い合わせを受けることが多々あります。もちろん、電話では回答できません。自分のマイナンバーを知るには、次の4つの方法があります。説明できるよう覚えておきましょう。

1．マイナンバーカード
2．通知カード（※）
3．個人番号通知書
4．住民票の写し・住民票記載事項証明書（マイナンバー入り）

通知カード、個人番号通知書について

通知カード、個人番号通知書は本人確認書類には利用できません。通知カードの券面情報に異動があった場合、番号の証明にも利用できません。さらに、個人番号通知書は番号の証明にも利用できません。

※　通知カードは、自分のマイナンバーを確認するために使えますが、通知カードの氏名や住所などの記載が現在のものと異なる場合は、後述する「番号確認」の証明書にはなりませんのでご注意ください。

重要度 ★★

● 自分のマイナンバーはどうやって確認する？

 マイナンバーカード

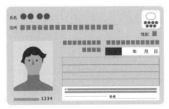
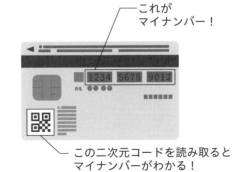

これが
マイナンバー！

この二次元コードを読み取ると
マイナンバーがわかる！

 通知カード（※）

これがマイナンバー！

 個人番号通知書

 住民票の写し、
住民票記載事項証明書
（マイナンバー入り）

これがマイナンバー！

まとめ
+α

「自分のマイナンバーを確認したい」という質問に答えられるよう心得ておきましょう。その際、マイナンバーカードを取得してもらえるようカードの利便性等を説明できたらなおいいです。

Part 1 マイナンバー制度を確実におさえる

27

マイナンバーを利用できる事務と利用できる人①

マイナンバーを利用できる事務は2種類ある

　マイナンバーを利用できる事務は番号法第9条に定められており、同条第1項の事務について、誰がどの事務において使えるかを別表に記載しています[1]。さらに、この事務の詳細は、「行政手続における特定の個人を識別するための番号の利用等に関する法律別表の主務省令で定める事務を定める命令」に定められ、各事務の法令等でマイナンバーを利用できる手続き等について記載があります。

　そして、誰が／どの事務において／誰の保持する／何の情報を情報連携できるかを、「行政手続における特定の個人を識別するための番号の利用等に関する法律第19条第8号に基づく利用特定個人情報の提供に関する命令」に定めています[1]。

　マイナンバーを利用できる事務は、個人番号利用事務と個人番号関係事務の2つに分けられます。詳しくは右ページの図を確認してください。

各自治体が条例で定めるマイナンバーの独自利用事務

　番号法第9条第2項の規定により、社会保障・地方税・防災などの事務[2]であって、各自治体が条例で定める事務（独自利用事務）についても、マイナンバーを利用することができます。

---

[1]　2023年に成立した番号法改正により「マイナンバーの利用及び情報連携に係る規定の見直し」が行われることにより、別表第2は廃止となり、別表第1は「別表」となりました。また、「別表」に準ずる事務として主務省令で定める「準法定事務」が新たに追加されました。

[2]　前段の法改正により、「利用範囲の拡大」がされ、この業務以外にも利用できるようになりました。

重要度 ★★★★★

●マイナンバーを利用できる事務

番号法第9条をざっくり表すと…

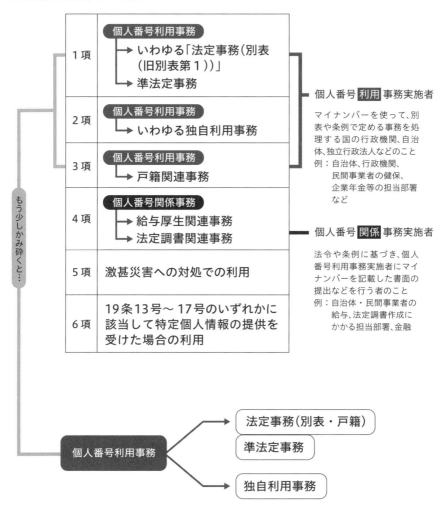

| まとめ +α | マイナンバーを利用できる事務は番号法第9条に掲げられています。自分が担当する事務が第9条のどの項に当てはまるかをしっかりと確認しましょう。 |

マイナンバーを利用できる事務と利用できる人②

個人番号利用事務実施者と個人番号関係事務実施者

　マイナンバーに関わる者について、番号法で「個人番号利用事務実施者」（第2条第12項）と「個人番号関係事務実施者」（第2条第13項）が定義されています。

　「個人番号利用事務実施者」とは、マイナンバーを使って、番号法別表（旧別表第1）や準法定事務、条例で定める行政事務を処理する国の行政機関、地方公共団体、独立行政法人などのことです。また、利用事務の全部または一部の委託を受けた者も含まれます。

　「個人番号関係事務実施者」とは、法令や条例に基づき、個人番号利用事務実施者にマイナンバーを記載した書面の提出などを行う者（関係事務の全部または一部の委託を受けた者を含む）のことです。

　たとえば、税の関係であれば、税務署、市区町村の税務担当が「個人番号利用事務実施者」となります。従業員（職員）やその家族などのマイナンバーを記載した源泉徴収票や支払調書などを提出する民間事業者の人事担当者など（行政機関の人事部門も含む）も「個人番号関係事務実施者」となります。

　また、申請者が家族のマイナンバーをあわせて提出する際も、当該申請者の個人番号関係事務実施者となります。

重要度 ★★★★★

●個人番号利用事務と個人番号関係事務

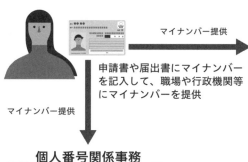

マイナンバー提供

申請書や届出書にマイナンバーを記入して、職場や行政機関等にマイナンバーを提供

マイナンバー提供

個人番号利用事務（9条1〜3項）

- 行政機関等が社会保障・税・災害対策・その他の行政分野においてマイナンバーを利用して個人情報を効率的に管理・検索する事務

＜個人番号利用事務実施者＞

- 9条1項別表に掲げる行政機関等、9条2項に基づき独自利用事務を処理する自治体
- 9条3項に基づく法務大臣（戸籍関係情報の提供に関する事務に利用するため、マイナンバーの提供は受けない）

収集・保管・利用・提供

個人番号関係事務（9条4項）

- 従業員や契約者等からマイナンバーの提供を受けて、個人番号利用事務実施者に提出する事務（マイナンバーを経由する事務）

＜個人番号関係事務実施者＞

- 勤務先（給与、健康保険、雇用保険等）
- 契約先（報酬、契約金等）
- 金融機関（証券取引、生命保険料の支払い等）

など

従業員等の特定個人情報を個人番号利用事務実施者に提供

収集・保管・提供

※家族の個人番号を個人番号利用事務実施者に提供する場合も申請者本人は個人番号関係事務実施者にあたる
※個人番号関係事務の委託を受けた者も同様

情報照会・提供

情報提供ネットワークシステム

情報照会・提供

個人番号利用事務実施者

まとめ +α　マイナンバーに関わる者には、マイナンバーを使って事務を行う「個人番号利用事務実施者」と個人番号利用事務実施者にマイナンバーを提出する「個人番号関係事務実施者」の2種類があります。

自治体の人事のシゴトにおける
マイナンバー

自治体の人事担当は個人番号関係事務実施者

　私たち自治体も、民間企業と同様に、雇用主として職員の給与や福利厚生のためにマイナンバー対応が必要です。職員の人事給与事務のシゴトでは、所得税、健康保険、年金などのマイナンバーが記載された届出を収集し、国税庁や健康保険組合等に提出する必要があります。また、講師報償金、議員報酬などについてもマイナンバーを取り扱います。

　これらの事務はいずれも個人番号関係事務実施者としての対応です。

職員の児童手当の事務は個人番号利用事務

　職員の児童手当支給に関する事務は、職員の所属する自治体の人事担当部署で行います。そのため、他の住民基本台帳事務や税務事務などと同様に、この事務について自治体は個人番号利用事務実施者となります。人事担当は、事務取扱担当者として職員である受給資格者と、その児童のマイナンバーを取得し管理する必要があります。

　ちなみに、番号法上、人事担当部署は、児童手当支給に必要な受給資格者の所得情報などを情報連携で取得することができます。自治体職員の勤務地と住所地の自治体が異なっている場合は、現在は、児童手当の現況届のために所得証明書を住所地の自治体で取得し職場に提出する必要はありません。この対応を実施しているかどうかは自治体によって異なります。そのため、職員の利便性、そして業務効率化のために、児童手当支給の情報連携の実施を検討していただきたいものです。なお、この事務を行う人事担当はマイナンバーを取り扱うため、「特定個人情報の適正な取扱いに関するガイドライン（行政機関等編）」に基づく安全管理措置が必要です。また、特定個人情報保護評価を公表している自治体もあります。特定個人情報と安全管理措置の詳細は後述します（Part 5）。

重要度 ★★★

●人事担当の業務で見てみると…

＜給与支払い、福利厚生などの場合＞

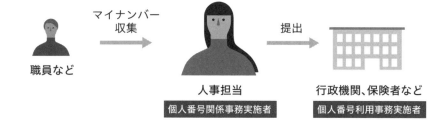

＜所属庁の職員の児童手当の場合＞

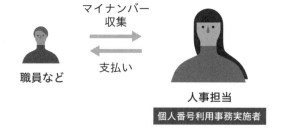

> **まとめ +α**
> 人事担当は、職員のマイナンバーを集める個人番号関係事務実施者でもあり、職員の児童手当の事務などを手続きする個人番号利用事務実施者でもある。安全管理措置も重要です！

番号法等改正への対応を
おさえよう

法改正で何が変わるのか？

2023年6月、番号法の大きな改正がありました。改正のポイントを押さえておきましょう。

1．マイナンバーの利用範囲の拡大

社会保障制度、税制、災害対策以外の行政事務（国家資格等に関する事務、自動車登録事務、在留外国人の行政手続き、災害弔慰金の事務や国家公務員の諸手当の支給に関する事務等）でもマイナンバーの利用を推進されます（2024年5月27日施行）。

2．マイナンバーの利用および情報連携に係る規定の見直し

番号法で利用が認められている事務に準ずる事務（準法定事務）もマイナンバーの利用が可能となります。また、情報連携できる事務の規定を法から主務省令に変更することで、迅速な情報連携を実現します（2024年5月27日施行）。

3．マイナンバーカードと健康保険証の一体化に伴う利便性の向上

マイナンバーカードの特急発行、乳児に交付するマイナンバーカードについて顔写真が不要となります（2024年12月2日施行）。

4．マイナンバーカードの普及・利用促進

在外公館で国外転出者に対するマイナンバーカードの交付や電子証明書の発行が可能となります（2024年5月27日施行）。

5．戸籍等の記載事項への「氏名のふりがな」の追加

①戸籍、住民票（2025年6月頃までに施行予定）、②マイナンバーカード（2026年6月頃までに施行予定）に「氏名のふりがな」が追加されます。

6．公金受取口座の登録促進

公金受取口座の登録を推進するため、行政機関等が口座情報を保有している場合、公金受取口座として登録することを事前に通知し、不同意の回答をしなかった場合は登録が可能となります（2024年9月頃までに施行予定）。

重要度 ★★★★★

●法改正のポイントをまとめてみました

		これまで	これから
マイナンバーの利用範囲の拡大	国家資格に関すること（申請手続き、資格情報提示 etc.）	紙媒体を前提とした手続きだったが…	◎オンラインで申請が可能に！（登録事項変更申請、受験申請ETC.） ◎デジタル資格証で提示できる！
	引越しの際の自動車変更登録	申請者が住民票を取得しなければいけなかったが…	◎住民票を取得することなく、オンラインで変更登録ができるように！
	外国人の在留資格の更新などの事務	申請や届出に行政機関発行の書類収集が必要だったが…	◎必要な限度でマイナンバーを利用できるようになり、証明書類の省略が可能に！
	災害弔慰金の事務、国家公務員の諸手当の支給など	申請や届出に行政機関発行の書類収集が必要だったが…	◎必要な限度でマイナンバーを利用できるようになり、証明書類の省略が可能に！
マイナンバーの利用と情報連携に係る規定の見直し		①情報連携できる事務に類似しつつも、法律に規定のない事務（給付事務や在日外国人への生活保護の事務など）はマイナンバーを利用するが、マイナンバー法に規定されていなかった… ②新規の情報連携を行うために、法改正で約1年、システム改修に約1年かかっていたが…	①法定されている事務に準ずる事務ならば、マイナンバーの利用が可能に！ ※準ずる事務…法定されている事務と趣旨や目的が同一で、内容や作用の面で基本的に同じ事務を想定 ②法律（番号法別表第1）でマイナンバーの利用が定められている事務であれば、下位法令に規定することで情報連携が可能に！ ※現行においても情報連携の詳細な事項は省令で規定
国外転出者のマイナンバーカードの交付		カード取得のために帰国する必要があったが…	◎在外公館でのカード交付が可能に！ ※事前にカード申請を行う
マイナンバーカードに氏名のふりがな追加		ふりがな明記なし	◎氏名の横にふりがなを明記 ※法改正後の新規発行者向け ※希望者には氏名のローマ字表記、西暦表記の生年月日を追記欄に記載可能
公金受取口座の登録方法の増加		①マイナポータル経由 ②行政機関等経由 ③金融機関経由	①マイナポータル経由 ②行政機関等経由 ③金融機関経由 ④②の特例制度。給付が行われる行政機関等が口座情報を保有している場合、公金受取口座としての登録に不同意の回答をしなければ登録できるようになる

Part 1 マイナンバー制度を確実におさえる

まとめ +α　法改正で、さらに住民サービスの利便性が高まりました。住民からの問い合わせも多いので、マイナンバー業務担当は自分の部署以外の業務であっても、ひととおり概要をおさえておきましょう。

Part 2

マイナンバーカード
の
基礎知識をおさえる

マイナンバーカード担当の
業務を知ろう

まずはマイナンバーカード担当の業務の全体像を把握する

　マイナンバーカードの業務は、住民窓口部門が担当となり、その全体像をまとめると P.40 ～ 41 の表のとおりです。ただし、住民のマイナンバーの付番については、住民基本台帳業務のため多くの自治体では住民異動の担当が対応します。

　これらの業務は「個人番号カードの交付等に関する事務処理要領」および「公的個人認証サービス事務処理要領」に規定されていますので、常に確認するようにしましょう。それから、実際の業務は、統合端末（住民基本台帳事務を処理する住基ネット端末の機能と公的個人認証サービスの受付窓口端末の機能を統合した端末）を使用して行いますので、その操作方法についてもマニュアル等で確認しておきましょう。

　マイナンバーカードの申請・交付・更新等業務や電子証明書の発行・更新等業務は年間を通じて行われ、その他随時に発生する業務や年度の前半や後半に対応する業務があります。整理して理解しておきましょう。

次はマイナンバー制度の業務の全体像を把握する

　マイナンバーカードの業務に少し慣れたら、マイナンバー制度の業務の全体像を把握しましょう。全体像を把握することで、窓口でのさまざまな質問に答えられ、カードの発行がどの部署にどのような影響があるのかを理解できるようになります。

　マイナンバー制度に係る業務は広範囲にわたり、担当部署も複数にまたがっています。自治体により異なりますが、大きく分けるとマイナンバー制度を統括する部門（大体は総務や企画、情報担当）、実際に窓口業務を担当する住民窓口部門のほか、マイナンバーを利用する税、福祉などの部門になります。

重要度 ★★★★★

Part
2

マイナンバーカードの基礎知識をおさえる

システム

情報システム担当

制度統括

企画・DX担当

マイナンバー
付番など住基

住民・住基担当

業務全体像を
把握するために
もう一度おさらい

自治体の
主な
マイナンバー
業務

安全管理措置
・PIA

総務担当

条例・規則

総務・法規担当

マイナンバー
カード発行

住民・住基担当

番号利用事務

税・福祉担当など

番号関係事務

人事・給与担当

まとめ
+α

自治体では、多くの部署でマイナンバーに係る業務があり、担当部署もいくつかにまたがっていることもあります。「どの部署のどんな業務に関係するか？」と影響を考えながら業務しましょう。

39

●マイナンバーカード担当の業務一覧

			業務の根拠 個人番号カードの交付等に関する事務処理要領
マイナンバー関係			マイナンバーの付番
			マイナンバーの変更
			個人番号通知書に係る事務
			通知カードに係る事務
マイナンバーカード関係	交付関係		マイナンバーカードの申請受付（再交付申請含む）
			マイナンバーカード交付前の処理
	関連事務		マイナンバーカードの交付（再交付含む）
			転入届の受理の際に講ずべき措置（継続利用）
			国外転出の継続利用
			券面記載事項の変更
			暗証番号変更・再設定
			紛失・一時停止解除
			廃止・回収・廃棄
			有効期間変更・特例期間延長
電子証明書関係	認証業務		―
			―
	その他付帯業務		―
その他の業務			送付先情報等の通知
			―
			―
			―
			―
			―
			―
			―

業務の根拠		備考
公的個人認証サービス事務処理要領	その他	
—	—	初期付番で付番されなかった人への付番（新たに生まれた子、海外からの転入、外国人等）※**住民基本台帳業務**
—	—	個人番号が漏えいして不正に用いられる恐れがあると認められるときに限る
—	—	市区町村に返戻された個人番号通知書の交付等
—	—	通知カードの返納・廃棄等
—	—	申請時来庁方式・出張申請受付方式（**厳格な本人確認**）、申請サポート方式等・国外転出者へのカード発行
—	—	マイナンバーカードのチェック、交付前設定、交付通知書の発送等
—	—	交付時来庁方式での交付（**厳格な本人確認**）
—	—	いわゆる継続利用
—	—	国外転出者もマイナンバーカードを継続利用するための処理
—	—	住所異動、氏名変更等券面事項に変更があった場合の処理
—	—	マイナンバーカードの暗証番号の変更、暗証番号を忘れた場合の再設定
—	—	マイナンバーカードを紛失したときと発見して再び使えるようにするときの処理
—	—	マイナンバーカードの返納があった場合等にカードを回収し廃止する
—	—	外国人が対象
電子証明書の発行・更新	—	申請により電子証明書を発行・更新する
電子証明書の失効	—	申請により電子証明書を失効させる
暗証番号の変更・初期化	—	いわゆるロック解除
—	—	個人番号通知書・個人番号カード交付通知書の発送先の住所等をJ-LISへ通知
統合端末の管理		セキュリティパッチの適用、アプリケーションのバージョンアップ等
公的個人認証サービスに係る準拠性監査への対応		年に1回、公的個人認証サービスが適切に行われているかの監査
手数料の管理		マイナンバーカードの再発行、電子証明書の発行手数料の管理（歳入歳出外現金）
申請書類等の保管・管理	—	電子証明書発行／更新：15年　電子証明書の失効申請等：10年
—	マイナンバーカードの周知・広報	住民への周知・広報
—	マイナンバーカード交付事務費補助金事務	補助金の申請・精算
	国が開催する説明会への参加	国の予算説明、制度変更等の解説（オンライン）

マイナンバーカードを知ろう①

マイナンバーカードとは何か？

　マイナンバーカードは、住民基本台帳に記録されている者の申請に基づき、J-LIS（地方公共団体情報システム機構）が発行し、市区町村長が交付する顔写真付きのICカードです。マイナンバーを証明する書類や本人確認の際の公的な本人確認書類として利用できるほか、さまざまなオンラインサービスを受けることができます。

1．マイナンバーカードの表面

　マイナンバーカードの表面には右図の「おもて」にある事項が記載されており、写真付きの本人確認書類として利用できます。国外転出者向けのカードについては右下の図を参照してください。

2．マイナンバーカードの裏面

　マイナンバーカードの裏面には右図の「うら」にある次の事項が記載されており、マイナンバーを確認するための証明として利用できます。

窓口職員にとってのマイナンバーカード

　マイナンバー利用事務を行う自治体窓口の職員にとっては、別項でも触れましたが、マイナンバーの番号確認と身元確認の2つが1枚で済む本人確認証明書として利用できる便利アイテムです。カードに記載されているマイナンバー、顔写真、基本4情報をこのカードを使って確実に確認しましょう。

　また、マイナンバーカードは、後述するカード裏面に組み込まれたICチップ内の公的個人認証サービスによる電子証明書アプリケーションの機能により、オンラインでの本人確認もできます。

参 照　総務省「マイナンバー制度とマイナンバーカード／マイナンバーカード」
https://www.soumu.go.jp/kojinbango_card/03.html#card

重要度 ★★★★★

●カードのおもてとうらで役割が変わる

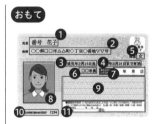

おもて

① 氏名（旧氏・通称があれば併記）
② 住所
③ 生年月日
④ マイナンバーカードの有効期限
⑤ 性別
⑥ 交付地市区町村長名
⑦ 電子証明書の有効期限の記載欄
⑧ 顔写真
⑨ サインパネル領域（券面の情報に修正が生じた場合、その情報を記載（引っ越しした際の新住所など）
⑩ 照合番号の一部として引用するための16桁の英数字（発行番号）および4桁の数字（セキュリティコード）
⑪ 臓器提供意思表示欄

→ 写真つき身分証明書

うら

① マイナンバー
② 氏名（旧氏・通称があれば併記）
③ 生年月日
④ マイナンバーが記録された二次元コード

→ マイナンバーを確認する書類

出典：総務省ウェブサイト

●国外転出者向けマイナンバーカードの記載事項

	国内在住時に取得したカードを継続利用しているもの	国外転出後にカードを新規発行したもの
券面記載事項等の公証基盤	住民票	戸籍の附票
券面記載事項等	●氏名（該当者は旧氏） ●住所 ●生年月日 ●性別 ●有効期間満了日 ●マイナンバー	●氏名 ●国外転出＋転出予定日 ●生年月日 ●性別 ●有効期間満了日 ●マイナンバー ※すでに旧氏が記載されているカードを継続利用する場合、当該旧氏の記載の削除はしない。 ※国外転出者には公証された住所はないため、戸籍の附票と同様に、住所の代わりに国外転出者である旨を記載。

出典：総務省ウェブサイト

まとめ +α　カードのそれぞれの部分の役割も理解すれば、業務を処理するとき役立ちます。次頁でもさらに詳しく解説していますので、住民にしっかりと伝えられるようにしましょう。

Part 2 マイナンバーカードの基礎知識をおさえる

43

マイナンバーカードを知ろう②

カードに組み込まれているICチップの役割とは？

　マイナンバーカードの裏面にはICチップが組み込まれており、その中には右図のとおり4つのアプリケーションと情報が格納されています。

　ICチップには、券面に印刷された4情報や顔写真画像情報等の必要最低限の情報のみが記録されており、口座情報や健康情報など大事な情報は記録されません。また、ICチップには空き領域があり、市区町村・都道府県等は条例で定めるところ、国の機関・民間事業者等は内閣総理大臣（デジタル大臣）および総務大臣の定めるところにより、独自の利用が可能となります。

　ICチップ内の公的個人認証サービスによる電子証明書アプリケーションの機能を使用することで、さまざまなオンラインサービスにアクセスすることができ、オンライン上で本人確認・認証が可能となります。わかりやすく言えば、ICチップは「アクセスキー（システムに接続するためのカギ）」で、マイナンバーカード本体はそのアクセスキーを運ぶ「キーホルダー」の役割を担っています。

　デジタル社会では、オンラインでさまざまな手続きができるようになりますが、そこで必要となるのが確実な本人確認・認証です。マイナンバーカードは、対面でもオンラインでも確実・安全に本人確認・認証ができるため、「デジタル社会のパスポート」とも呼ばれています。

カードを紛失した！ 盗難に遭った！ もしもの時の対策も

　マイナンバーカードが紛失、盗難の場合に、24時間365日体制でカードの機能停止を受け付けるコールセンターが設置されています。また、ICチップ内のアプリケーションごとに暗証番号を設定し、一定回数間違うと機能がロックされたり、不正に情報を読み出そうとするとICチップが壊れるしくみがあるなど、万全なセキュリティ対策が施されています。マイナンバーカードは、対面でもオンラインでも本人確認ができる「最強の身分証明書」といえるでしょう。

●カード裏面のICチップはどうなっている？

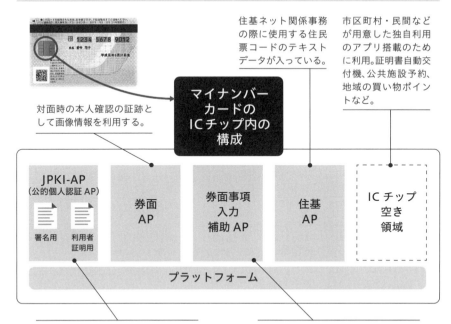

対面時の本人確認の証跡として画像情報を利用する。

住基ネット関係事務の際に使用する住民票コードのテキストデータが入っている。

市区町村・民間などが用意した独自利用のアプリ搭載のために利用。証明書自動交付機、公共施設予約、地域の買い物ポイントなど。

マイナポータル、e-Tax、コンビニ交付、金融機関のインターネットバンキング、インターネットショッピングで使用する電子証明書が入っている。
○署名用電子証明書：
　電子申請に利用
　【アクセスコントロール】
　パスワード6〜16桁の英数字
○利用者証明用電子証明書：
　マイナポータル等のログインに使用
　【アクセスコントロール】
　暗証番号4桁の数字

マイナンバーや4情報を確認（対面・非対面）し、テキストデータとして利用できる。
①マイナンバーおよび4情報：
　【アクセスコントロール】
　パスワード4桁の数字
②マイナンバー：
　【アクセスコントロール】
　マイナンバー12桁（照会番号A）
③4情報：【アクセスコントロール】
　生年月日6桁+有効期限西暦部分4桁
　+セキュリティコード4桁（照会番号B）

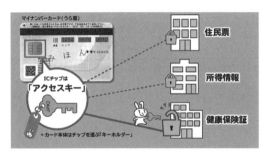

出典：デジタル庁ウェブサイト、総務省資料をもとに作成

電子証明書を知ろう

公的個人認証サービスと電子証明書

　社会全体でのデジタル化の進展につれて、オンライン手続きサービスへのニーズが高まっています。オンライン手続きでは、第三者によるなりすましが起きぬよう、確実に本人確認を行う必要があります。公的個人認証サービスは、このようなニーズに対応するため、マイナンバーカードのICチップに搭載された電子証明書を利用して、オンラインで利用者本人の認証や契約書等の文書が改ざんされていないことの確認を公的に行うための重要なサービスです。

　マイナンバーカードのICチップに搭載される電子証明書には次の2種類があります。

1．署名用電子証明書

　「作成・送信した電子文書が、あなたが作成した真正なものであり、あなたが送信したものである」ことを証明できるものです。署名は「サイン」の意味です。印鑑のようなものです。

2．利用者証明用電子証明書

　「インターネットなどのサイトやシステムにログイン等した者が、あなたである」ことを証明できるものです。いわゆるカギの役目です。オンラインショッピングなどでIDとパスワードでログインするのと同じ役割ですが、カードの所持が必要となりますので、より安全といえます。

　電子証明書の発行は、マイナンバーカードの新規発行と同時に発行する場合と、電子証明書がないマイナンバーカードに対して追加発行する場合の2つのケースがあり、どちらでも必ず対面での本人確認を行います。対面により厳格な本人確認を行うことが、なりすましを防止するとともに、信頼・信用の基点（トラストアンカー）となるためです。「公的個人認証サービス事務処理要領」で本人確認の内容を把握しましょう。

重要度 ★★★★★

●署名用電子証明書と利用者証明用電子証明書の違い

	署名用電子証明書	利用者証明用電子証明書
保持するデータ	シリアル番号、基本4情報（氏名、住所、生年月日、性別）	シリアル番号
証明するもの	送信する「文書」の真正性	利用者「本人」によるログイン
代表的な利用例	e-Taxでの電子申請 オンラインでの電子申請	住民票等のコンビニ交付 マイナポータルへのログイン
パスワード	英字・数字を混在させた 6〜16文字 ※英字はすべて大文字	4桁の数字
パスワードがロックされるまでの回数	連続5回	連続3回
15歳未満	搭載不可（原則）	搭載可能
基本4情報（住所・氏名・生年月日・性別）	あり	なし
引っ越し等による基本4情報が変化した場合	失効する	失効しない
海外転居、死亡等により住民票が削除された場合	失効する	
有効期限	発行日から5回目の誕生日まで	

Part 2 マイナンバーカードの基礎知識をおさえる

●公的個人認証サービスのしくみ

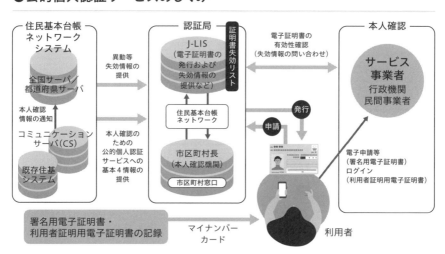

まとめ +α 　「公的個人認証サービス」は、マイナンバーカードのICチップに搭載された電子証明書を用いて、ネット上におけるなりすましやデータ改ざんを防ぎ、安心・確実に行うための本人確認の手段のことです。

有効期限の違いを知ろう

マイナンバーカード本体の有効期限

　マイナンバーカード本体の有効期限は、2022年4月1日の民法改正で成年年齢が20歳から18歳に引き下げられたことにより、次の区分に応じた有効期間となりました。

1．成人の有効期限（右図参照）
　①　日本人、外国籍住民：永住者、高度専門職第2号、特別永住者
　②　外国籍住民：永住者・高度専門職第2号以外の中長期在留者、一時庇護許可者または仮滞在許可者等

2．未成年の有効期限
　18歳未満については、容姿の変動が大きいことから、顔写真を考慮し、発行日から5回目の誕生日までが有効期限と設定されています。

マイナンバーカードの電子証明書の有効期限

　電子証明書の有効期限は、署名用電子証明書、利用者証明用電子証明書のどちらも発行日から5回目の誕生日までです。

　電子証明書には高度な暗号技術が用いられていますが、更新期間が長いと、科学技術の進展により暗号が破られてしまうおそれがあります。そこで、カードの有効期限よりも短くすることで、更新を促し、安全性を確保しています。

　電子証明書の有効期限については、カードの表面に記入欄があり、交付時に職員が油性ペン等で有効期限を記入します（自治体による）。電子証明書を更新すると有効期限が変わるため、更新前の有効期限を消して新しい有効期限を記載できるようにするためです。マイナンバーカード本体と電子証明書の有効期限が異なることから、「なぜカードと同じ有効期限にできないのか？」と質問されますが、その理由はこの背景からです。なお、署名用電子証明書は、名前や住所が変わったときには失効しますので、市区町村の窓口であらためて発行申請を行います。この場合、前の証明書の有効期限がそのまま引き継がれます。

重要度 ★★★★★

●カード本体と電子証明書の有効期限の違い

カード発行時の年齢	有効期限		
	マイナンバーカード	利用者証明用電子証明書	署名用電子証明書
18歳以上	カード発行日から10回目の誕生日まで	カード発行日から5回目の誕生日まで	
15歳以上18歳未満	カード発行日から5回目の誕生日まで	カード発行日から5回目の誕生日まで	
15歳未満	カード発行日から5回目の誕生日まで	カード発行日から5回目の誕生日まで	———

※外国人住民のうち、永住者、高度専門職第2号および特別永住者については、マイナンバーカードの有効期間は、日本人の場合と同様に発行の日から10回目の誕生日までとなります。
　一方、永住者、高度専門職第2号以外の中長期在留者（在留期間は最大5年）や一時庇護許可者または仮滞在許可者等については、在留資格や在留期間がありますので、その状況に応じてマイナンバーカードの有効期間も異なることとなりますが、これらの方々については、申請に基づき、マイナンバーカードの有効期間を変更することが可能です。

まとめ +α　署名用電子証明書と利用者証明用電子証明書の有効期限と、マイナンバーカードの有効期限は異なります。電子証明書の有効期限は、安全性・信頼性を確保できるものとして設定されています。

マイナンバーカードは
何に使えるの？①

住民にマイナンバーカードのメリットを適切に伝えよう

「マイナンバーカードはいったい何に使えるの……？」

マイナンバーカード担当が必ず住民から聞かれる質問です。住民にカードのメリットや重要性を感じてもらえるよう、最低限、次の4つの内容は答えられるようにしておきましょう。

1．コンビニ交付サービス：役所に行かずに証明書等を取得できる

マイナンバーカードを利用して、市区町村が発行する住民票の写しや印鑑登録証明書等が全国のコンビニエンスストア等のキヨスク端末(マルチコピー機)から取得できるサービスです。

また、住所地と本籍地の市区町村が異なる場合でも、事前に申請することで、戸籍証明書を取得できるサービスを行っている自治体もあります。同じ都道府県内でどこの自治体が本籍地の戸籍証明書発行に対応しているか、確認しておきましょう。こちらも住民からよく質問されます。

その他、市区町村によってコンビニ交付サービス実施の有無、取得できる証明書の種類、サービス提供時間や店舗が異なるため、自身が所属する市区町村ではどのようになっているかを確認しておきましょう。

2．マイナポータルにアクセス：いつでもどこにいても便利な情報を入手できる

子育てや介護をはじめとする行政サービスの検索や申請などがパソコンやスマホでできるほか、行政機関等が保有する自分の情報や行政等からのお知らせ内容を受け取ることもできます。マイナポータルについては Part 4 で説明します。

参照　【コンビニ交付サービス】J-LIS「コンビニ交付」
https://www.lg-waps.go.jp/
【マイナポータル】デジタル庁「マイナポータルを通じた国民生活の利便性向上」
https://www.digital.go.jp/policies/myna_portal

重要度 ★★★★★

● マイナンバーカードで何ができる？

1 コンビニエンスストアで証明書交付を受けられる

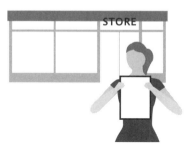

メリット

- ✓ 役所・役場へ足を運ばなくていい！
- ✓ 窓口受付時間に合わせなくていい！

2 マイナポータルからいつでも情報が入手できる

メリット

- ✓ 役所・役場へ足を運ばなくていい！
- ✓ 窓口受付時間に合わせなくていい！

> **まとめ +α**
> コンビニ交付を利用できる市区町村は、左のJ-LISウェブサイト内の「利用できる市区町村」から検索できます。マイナポータルについては、Part 4で詳しく解説しています。

51

マイナンバーカードは
何に使えるの？②

住民にマイナンバーカードのメリットを適切に伝えよう

3．確定申告におけるe-Tax等での利用：オンライン申告ができて便利！

　紙での申請が必要だった確定申告も、マイナンバーカードがあればオンライン申告が可能です。e-Tax にログインするとき、申告等データに電子署名を行うときにマイナンバーカードを使用します。また、マイナポータルと連携させることで、控除証明書等のデータを一括取得し、各種申告書の該当項目へ自動入力できるので便利です。

4．健康保険証としての利用：カード１つでOK！

　病院や薬局の受付で健康保険証を提示する代わりに、マイナンバーカードが使えます。健康保険証利用の申し込みは、マイナポータル、医療機関の顔認証付き IC カードリーダーまたはセブン銀行 ATM から行います。利用登録が完了していれば、就職や転職、引っ越しをしても、再度の登録の必要はなく、マイナンバーカードを健康保険証として継続して利用することができます。

　また、特定健診や薬の情報をマイナポータルで閲覧できるうえ、本人の同意を得たうえで、医療機関同士で共有することによって正しい診療・処方を受けることができます。さらに、医療費が高額な場合に役所に申請する「限度額適用認定証」の手続きも省略でき、一時的な自己負担もしなくて済みます。確定申告時の医療費控除申請の手続きも、マイナポータルから医療費通知情報を参照できるため、とても簡単です。

参照　【e-Tax】国税庁「e-Tax」
https://www.e-tax.nta.go.jp/kojin/mycd_login.htm
【マイナンバーカードの健康保険証利用】厚生労働省「マイナンバーカードの健康保険証利用について」
https://www.mhlw.go.jp/stf/newpage_08277.html

重要度 ★★★★★

●マイナンバーカードで何ができる？

3 e-Taxでらくらく
確定申告ができる

メリット

✓ 役所・役場へ足を運ばなくていい！
✓ 窓口受付時間に合わせなくていい！
✓ いろいろな書類を集めるために奔走しなくていい！

4 マイナンバーカード1つで
健康保険証はもう持たない

メリット

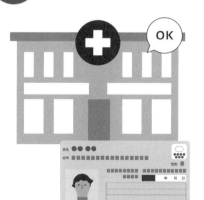

✓ カードを2枚持つ手間が省ける！
✓ 特定健診や薬の情報を
　マイナポータルで確認できる！
　（覚えなくていい！）
✓ （同意のうえで）
　医療機関同士も共有でき、
　正しい診療・処方が受けられる！
✓ 限度額適用認定証の
　手続きがいらない！
✓ 医療費控除申請の手続きも
　マイナポータルからできて簡単！

まとめ+α 健康保険証利用登録は、スマホやPCがなくても、医療機関の顔認証付きICカードリーダーやセブン銀行ATMからできるので便利です。

Part 2 マイナンバーカードの基礎知識をおさえる

53

スマホで完結！
便利なスマホ用電子証明書

スマホ1つでオンライン行政手続きができる

　2023年5月11日から、一部のAndroidのスマートフォンにおいて、マイナンバーカードの機能（電子証明書）の搭載が可能となりました。

　マイナンバーカードの電子証明書の機能をスマホに搭載することによって、マイナンバーカードを持ち歩くことなく、スマホ1つで、いつでもどこでもオンラインでさまざまなマイナンバーカード関連サービスの申し込みや利用ができるようになります。

　スマホ用電子証明書をスマホに搭載するには、マイナンバーカードのICチップに格納されている署名用電子証明書を使って、新たにスマホ用電子証明書を搭載します。従来、マイナンバーカード関連サービスを利用するには、カードをスマホにかざして読み取る必要がありました。しかし、電子証明書機能の搭載があれば、スマホだけで利用や申し込みができるようになりました。また、利用者証明用電子証明書の4つの暗証番号の代わりに、スマホの持つ生体認証機能を活用することができ、スマホならではの利便性が実現できます（機種によって異なります）。

　本書執筆時点では、わが国で大きなシェアがあるiPhoneでは利用できません（2025年春リリース予定）。しかし、「デジタル社会の実現に向けた重点計画」（P.12）では、スマホ用電子証明書サービスについて、「2023年5月にAndroid端末への搭載を開始しており、順次対応サービスの拡大を図る。また、iOS端末についても実現に向けた検討を進める」とされており、「スマホで60秒で手続きが完結する」世の中がどんどん近づいてきています。

参照　デジタル庁「スマホ用電子証明書搭載サービス」https://www.digital.go.jp/policies/mynumber/smartphone-certification/#Service
マイナポータル「スマホ用電子証明書とは？」https://myna.go.jp/html/equipped_with_smartphone.html
公的個人認証サービスポータルサイト「スマホ用電子証明書の搭載について」https://www.jpki.go.jp/sumaho-cert/index.html

重要度 ★★★★★

●スマホ用電子証明書で目指す姿

iPhoneはマイナンバーカード用電子証明書の利用となる。使うたびにカードの読み取りが必要。

スマートフォンだけで、いつでもどこでも、手続きやサービスの利用ができる！
（iPhoneは2025年春予定）

生体認証等を活用すればさらに便利

各種民間サービス
◎住宅ローン契約
◎キャッシュレス決済申し込み
◎銀行・証券口座開設
◎携帯電話申し込み

資格確認
◎コンビニ交付
◎健康保険証（今後対応予定）

オンライン行政手続き
◎確定申告
◎子育て支援

自己情報取得（マイナポータル）
◎母子健康手帳
◎薬剤・健診情報

出典：総務省資料

●スマホ用電子証明書を使うためのステップ

step 1
用意するもの
◎署名用電子証明書が登録された自身のマイナンバーカード
◎登録した署名用電子証明書パスワード（英大文字・数字を含む半角6～16文字）

step 2
Androidスマートフォンで、マイナポータルアプリをダウンロード

step 3
マイナポータルアプリからスマホ用電子証明書の利用申請および利用登録をする

出典：デジタル庁ウェブサイト

まとめ +α
スマホ用電子証明書をスマホに搭載することで、マイナンバーカードを持ち歩くことなく、行政手続きがスマホだけで完結する便利なサービスがあります。

Part 2 マイナンバーカードの基礎知識をおさえる

顔認証マイナンバーカード とはどんなもの？

顔認証マイナンバーカードとは

　「マイナンバーカードを、健康保険証や窓口での本人確認書類としては利用したいが、カードの暗証番号の設定や管理に不安がある……」。

　このような人にも安心してカードを取得し、利用してもらえるよう、病院などでのマイナンバーカードの本人確認方法を顔認証または目視確認に限定し、暗証番号の設定を不要としたマイナンバーカードがあります。それが顔認証マイナンバーカードです。

　現行のマイナンバーカードから顔認証マイナンバーカードへ切り替える場合は（その逆の場合も）、住所地の自治体のマイナンバーカード発行窓口で手続きを行います（カードの追記欄に「顔認証」と記載されますが、カードそのものは変わりません）。

　なお、顔認証マイナンバーカードの暗証番号はロックされ、利用できませんが、顔認証による利用者証明用電子証明書は引き続き活用される点を覚えておきましょう。そのため、カードの利用者証明用電子証明書の有効期限が5年で、更新の手続きが必要であることも忘れずに住民に伝えるようにします。

顔認証マイナンバーカードではできないこと

　顔認証マイナンバーカードにすることで、暗証番号を忘れる、忘れたときの手続きが面倒といった不安や手間はなくなりますが、通常のマイナンバーカードでできることのいくつかが制限されます。

　暗証番号を利用するサービス（マイナポータル、コンビニ交付、各種オンライン手続き等）、オンライン診療・オンライン服薬指導の利用もできません。また、署名用電子証明書も使えなくなるため、オンライン手続きなどの暗証番号の入力が必要なサービスも利用できません。

参照　J-LIS「マイナンバーカード総合サイト」
顔認証マイナンバーカードの利用について
https://www.kojinbango-card.go.jp/faq-2/cat/?cat=faq_facial_about

重要度 ★★★

● こんなときに…顔認証マイナンバーカード

顔認証に切り替えると…

○利用できるサービス

	通常の マイナンバーカード	顔認証 マイナンバーカード
マイナポータル	○	×
コンビニ交付	○	×
オンライン手続き	○	×
健康保険証	○	○
対面の本人確認	○	○
オンライン診察・診療	○	×
スマホ用電子証明書の申請	○	×

まとめ +α
暗証番号を忘れる不安を払しょくした顔認証マイナンバーカード。窓口での切り替えの手続きが必要であること、利用できなくなるサービスがあることをお忘れなく。

マイナンバーカードの申請方法を知ろう①

さまざまな申請方法と交付方式の違いって？

　マイナンバーカードの交付は、交付申請書を申請者が直接または住所地の市区町村長を通じて、地方公共団体情報システム機構（J-LIS）に提出しなければなりません。申請方法は右の一覧表のとおりです。

１．郵便による申請

　署名または記名押印があり、顔写真が貼付された交付申請書をJ-LISに郵送します。

２．オンラインによる申請

　申請者が交付申請用ウェブサイト上から事前に撮影した顔写真を添付して送信します。なお、交付申請用の二次元コードを読み込んでアクセスすると、必要事項の入力が一部省略できます。

３．証明写真機による申請

　まちなかに設置されているカード申請機能付きの証明写真機から、写真撮影と同時に申請することができます。

４．市区町村の窓口・企業や商業施設等での臨時窓口

　市区町村の窓口や企業や商業施設などで臨時に開設される申請窓口で申請する方法です。申請者は窓口で申請書への記入方法や顔写真の撮影の支援を受けられます。また、申請の際に本人確認まで行い、カードの受け取りは郵送で行う「申請時来庁方式」を行っている窓口もあります。

参照　J-LIS「マイナンバーカード総合サイト」マイナンバーカードを申請する
https://www.kojinbango-card.go.jp/apprec/apply/

重要度 ★ ★ ★

●マイナンバーカード申請方法・交付方式一覧表

Part 2 マイナンバーカードの基礎知識をおさえる

	交付時来庁方式	申請サポート方式	申請時来庁方式	出張申請受付方式	住所地市区町村長以外の市区町村長による申請時来庁方式・出張申請受付方式
申請方法	◎郵便 ◎オンライン（スマホ、パソコン） ◎証明用写真機など	顔写真撮影やオンライン申請支援など申請をサポート（郵便局や民間事業者等でも実施可能）	市区町村の窓口で申請	企業や商業施設等に市区町村職員が出向き申請を受け付ける	◎被災者、DV等被害者が避難先の市区町村の窓口で申請 ◎住民が他市区町村が実施する出張申請受付方式の窓口で申請
申請場所	自宅 まちなかの証明用写真機設置場所	市区町村の窓口 市区町村が商業施設に設置する臨時窓口など	市区町村の窓口	市区町村が商業施設等に設置する臨時窓口など	他市区町村の窓口、商業施設等に設置する臨時窓口など
本人確認	交付のとき		申請のとき		
申請時間	短い（交付時間は長い）		長い		
交付方法	市区町村の窓口で受け取り		自宅で受け取り（本人限定受取郵便等）		

まとめ +α

「マイナンバーカードの申請をしたけれど、どれくらいでできるの？」。申請の進捗状況を確認したいときは、「マイナンバーカード総合サイト」申請状況照会サービスのページから知ることができます。

マイナンバーカードの申請方法を知ろう②

申請方法のポイントは「本人確認をいつ行うか」!

　マイナンバーカードの交付は、原則対面により行われなければなりません。これは、カードが公的な身分証明書やネット上の電子証明書として広く使われるため、本人確認を厳格に行う必要があるからです。

　マイナンバーカードの交付方式は、この厳格な本人確認をどのタイミングで行うかによって、大きく2つに分かれます。

1．交付時に本人確認を行う場合
◆交付時来庁方式・申請サポート方式

　申請者がマイナンバーカードを受け取るときに来庁し、本人確認と暗証番号の入力を行うことが基本的な交付方法となっています。

2．申請時に本人確認を行う場合
◆申請時来庁方式

　申請者が来庁し、窓口でマイナンバーカードを申請する際に本人確認を行います。職員による本人確認のうえ、カードの申請を受け付けるとともに、申請者に暗証番号設定依頼書を記入してもらいます。

　その後J-LISから住所地市区町村にカードが届いたら、市区町村職員が暗証番号設定依頼書に基づき暗証番号の設定を行い、カードを郵送交付します。

◆出張申請受付方式

　職員が商業施設や企業等に出張し、臨時の申請窓口を開設して申請を受け付ける方式です。いわば、申請時来庁方式の庁外版です。あらかじめ広報紙や新聞の折り込みチラシ等で告知を行う、企業等であれば相手先の協力はもちろん、相手先の担当部署を通じて持参すべき本人確認書類を周知する、効率的に受け付けるために予約制にするなどの工夫が必要です。

　総務省「マイナンバーカードの申請・交付の流れ」
https://www.soumu.go.jp/kojinbango_card/11.html

重要度 ★★★

●申請から交付までの流れ

交付時来庁方式・申請サポート方式

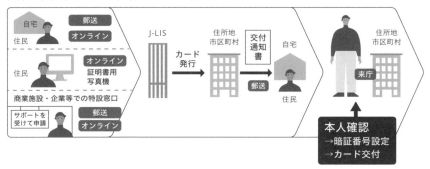

申請時来庁方式・出張申請受付方式

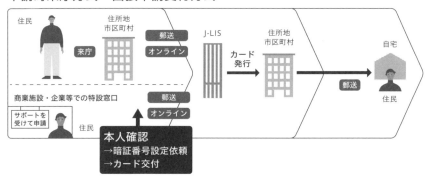

| まとめ +α | マイナンバーカードを取得するには、申請者は原則１回、窓口に来る必要があります。その理由は、本人確認を対面で厳格に行う必要があるからです。 |

マイナンバーカードの申請方法を知ろう③

居住地以外でマイナンバーカードの申請があった場合

　特殊な事情により、居住地以外でマイナンバーカードの申請をする住民もいます。この申請方法は、このような住民のための申請方法です。

◆ 住所地市区町村以外の市区町村（経由市区町村）による申請時来庁方式および出張申請受付方式

　　災害の被害者やDV等被害者のなかには、住民票を避難先に異動できず、住所地市区町村の窓口に来庁することが困難な人もいます。こうした事情に配慮し、避難先の市区町村窓口でも、申請時来庁方式の窓口でマイナンバーカードの申請をすることができます。

　　また、住民が他の市区町村にある企業等に勤務しており、そこの市区町村が実施する企業等への出張申請受付方式の窓口で申請する場合もあります。

　　その場合、居住地の市区町村は、受け付けた市区町村から本人確認書類の写し等の送付を受け、カードの交付事務を行います。具体的な手続きは、「個人番号カードの交付等に関する事務処理要領」に記載されていますので、確認しておきましょう。

交付申請書情報（送付先情報）は常に最新の情報にしておこう！

　氏名（ふりがなを含む）、住所、生年月日、性別、マイナンバー、住民票コードのいずれかに変更があった場合は、統合端末等から交付申請書情報（送付先情報）を更新する必要があります。最新の情報に更新されていなければ、カードが作成されない、古い情報でマイナンバーカードが作成されてしまうなどさまざまなトラブルにつながる可能性があるので、十分に注意しましょう（自治体によっては、住基システムにより交付申請書情報（送付先情報）が自動更新されている場合もあるので、確認しておきましょう）。

重要度 ★★★

●申請から交付までの流れ

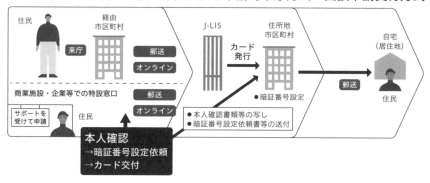

住所地市区町村以外の市区町村による申請時来庁方式・出張申請受付方式

| まとめ +α | 居住地以外でのマイナンバーカード申請の際、留意すべきポイントは、住所地市区町村と経由市区町村が連絡を密にして、必要となる書類のやり取りをスムーズに行うことです。 |

マイナンバーカードを交付するまでに行うこと①交付時来庁方式

基本的な事務フローを理解しよう（交付時来庁方式）

　カードが届いてから交付するまでの事務フローを押さえておきましょう。

① **マイナンバーカード・交付通知書の受領**

② **カード管理（予約）システムへの入力（※システムがある場合）**

③ **カードの状態確認**

④ **交付前設定処理**

　統合端末で交付前設定処理を行い、カードを交付可能な状態にします。カードの破損、印刷ミスなど何らかの不良があった場合は、このタイミングで「再発行」を交付前設定画面上で依頼します。この作業は、統合端末のメニューで交付前設定しか使えなくするなど適切な管理下にあれば、民間事業者への業務委託が可能です。その他、住所異動や交付時に必要な処理の有無などを住基システム等で確認し、チェックリストにしておくと、カード交付の手続きがスムーズです。

⑤ **電子証明書の失効等の処理**

　J-LIS から届くカードは、IC チップに電子証明書が搭載された状態です。電子証明書の希望の有無をカード発行一覧表で確認し、希望しない人については、電子証明書の失効等の処理をします。

⑥ **交付通知書を申請者に発送**

　J-LIS から送られる交付通知書は、そのまま申請者に郵送できるよう、申請者の宛名が記載された「はがき」となっています。このはがきに交付の予約を受け付けるウェブサイトの二次元コード等のシールを貼り付けて送付します。交付予約の方法や代理人による交付方法など市区町村独自の案内をする場合は案内の資料とはがきを封筒などで送付します。

⑦ **申請者の来庁予約対応（※予約があった場合）**

⑧ **カードを交付する（交付時の本人確認・暗証番号設定）**

　厳格な本人確認をして、申請者に暗証番号を入力してもらい、カードを交付します。

重要度 ★★★★★

●交付時来庁方式の申請から交付までの流れ

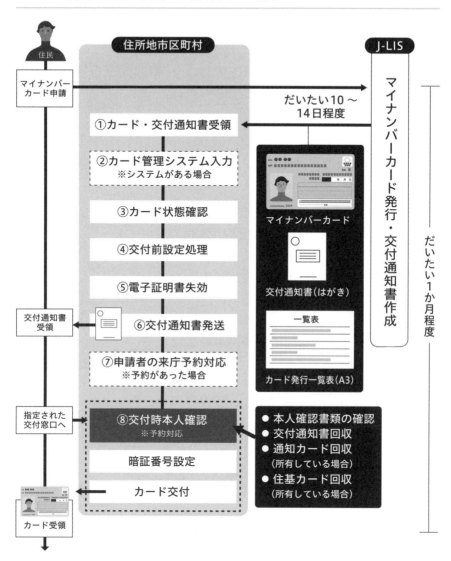

まとめ +α	交付前設定とは、カードの券面とICチップ内の情報が一致しているか、住民異動等がないかを確認し、カードを交付可能な状態にすることです。スムーズな交付のために事前に確認しましょう。

マイナンバーカードを交付するまでに行うこと②申請時来庁方式

交付時来庁方式との違いに気を付けよう（申請時来庁方式）

これまで交付時来庁方式の業務フローを説明してきました。もう1つの申請方法である申請時来庁方式のポイントも押さえておきましょう。

1．本人確認はマイナンバーカード申請時に行う

厳密な本人確認は申請の際に行います。また、暗証番号設定依頼書に暗証番号を記載してもらうのもこの申請のタイミングです。暗証番号設定依頼書は大切に保管します（英大文字と数字の区別に注意）。

2．J-LISからカードが届いたときの作業

J-LISからカードが送られてくる際、申請方法（申請時来庁方式、交付時来庁方式）が区別されずに届きます。そのため、一定のタイミングで、申請時来庁方式で申請されたカードを抽出しておく必要があります。この抽出作業は、手作業では困難なので、カード管理システムを利用し、交付申請書に記載された申請書IDをキーとして抽出することをおすすめします。なお、この抽出で申請時来庁方式の対象カードを漏らしてしまうと、予期せず交付時来庁方式として交付通知書が発送されてしまい、トラブルの原因となるので十分に注意しましょう。

3．職員による暗証番号設定

暗証番号設定依頼書に基づき、市区町村職員が統合端末で設定します。ちなみに、交付時来庁方式の場合は申請者が暗証番号を入力します。

4．カード交付（郵送）

申請者の住所地に本人限定受取郵便等でカードを郵送します。

重要度 ★★★★★

●申請時来庁方式から交付までの流れ

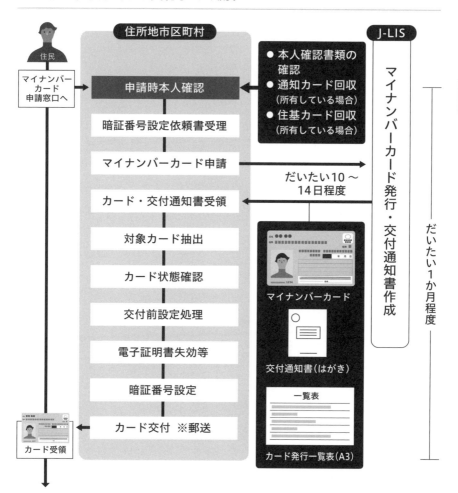

| まとめ +α | J-LISからカードが届いたら、申請時来庁方式で申請されたカードを抽出しておくことを忘れずに！ 抽出しておかないと、交付時来庁方式として交付通知書が誤って送付されてしまうので要注意。 |

マイナンバーカードの交付事務のポイントを知ろう

交付事務の流れとコツを理解してスムーズに！

【事前準備】

　各自治体での方法はあるかと思いますが、筆者の自治体（福島県郡山市）での方法を一例として紹介します（右図）。マイナンバーカード等をセットしたクリアファイルに、交付時に対応すべき内容を書いた付箋を添付し、検索しやすいよう順番に並べます。もし、予約のしくみがある場合は、予約分を抽出し、予約日・時間帯で分けておくとスムーズです。

【基本的な流れ】

① **受付**：窓口では、カードの受け取りに必要な書類の提出がそろっていることを確認します。交付通知書、通知カード、住基カード、券面満欄のマイナンバーカードなどは回収します。

② **本人確認**：カードの記載事項と本人確認書類、カードの顔写真と申請者本人の顔をそれぞれ確認し、本人確認をします。この際、目視で同一性が容易に確認できない場合は、顔認証システムによる同一性判定を行うこととされています。今後、医療機関の顔認証システムを使うマイナンバーカード保険証利用の増加が予想されることから、システムを使った照合は重要なプロセスです。

③ **暗証番号設定**：申請者にタッチパネルから暗証番号を入力してもらいます。4桁の暗証番号である「利用者証明用電子証明書用」「住民基本台帳用」「券面事項入力補助用」の3つは同じ暗証番号に設定することができます。「署名用電子証明書用」は6〜16桁の英数字です。

④ **カード交付**：申請者に、マイナンバーカードについて簡単に説明します。この際、概要がわかるガイドブックやチラシを活用すると効率的です。最後に電子証明書の有効期限や暗証番号の控えを記録する書類を渡すなどして、カードを交付します。

　これらの流れは、慣れないうちは「統合端末の操作手順」と「話す内容」を対応させたシナリオを作って、見ながら対応すると間違いがないでしょう。

重要度 ★★★★★

●スムーズな交付のための事前準備を考えておこう

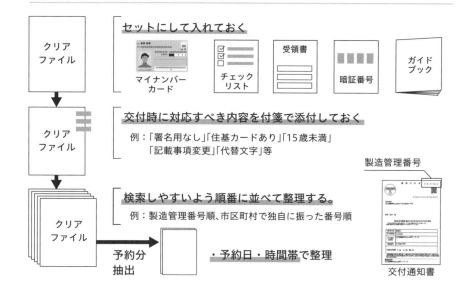

●交付の基本的な流れ

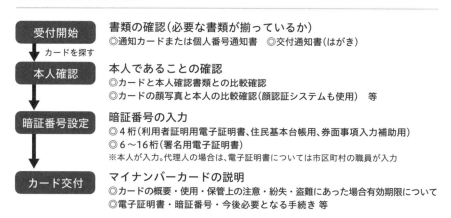

※慣れないうちは「**統合端末の操作手順**」と「**話す内容**」を対応させたシナリオを作っておいて、それを見ながら対応するとよい。

まとめ+α ここで紹介したのは１つの例であり、交付事務の流れは自治体ごとに実状に応じたやり方をしています。スムーズにミスなく交付できるよう絶えずカイゼンしていきましょう。

マイナンバーカードに係るその他の事務を知ろう①

カードの申請・交付以外にもこんな事務も！ その1

　マイナンバーカードに係る事務には、カードの申請・交付事務以外にもさまざまなものがあります。

　特に頻度が多く、重要な事務を以下に挙げてみました。

1．マイナンバーカード・電子証明書の更新

　マイナンバーカードの更新は、新規の申請と同様の手続きです。新しいカードは、以前のカードと交換して交付します。

　電子証明書の更新は、IC チップに格納されている電子証明書を失効させ、カードはそのままで、新しい電子証明書に書き換えて発行する手続きです。

2．マイナンバーカードの券面記載事項の変更

　婚姻による氏名変更など、マイナンバーカードの券面記載事項に変更が生じた場合は、変更内容等を記載した変更届をもらい、変更内容を IC チップに書き込み、カード表面の追記欄に記載します。

3．転入届の受理の際に講ずべき措置（継続利用）

　マイナンバーカードの交付を受けている者が他市区町村から転入する場合には、継続利用の手続きが必要です。継続利用とは、マイナンバーカードを引っ越し先の市区町村で使うための手続きのことです。継続利用の手続きをする期間は決められており、その期間内に手続きを行わないとマイナンバーカードは失効して利用ができなくなります。手続きの方法は、マイナンバーカードと転入届を同時にもらい、統合端末で継続利用の処理をしたうえで、届出の年月日と新住所を表面の追記欄に記載します。継続利用の手続きができる期間は決まっており、また、同一世帯員等による世帯員のカードの手続きができる条件もあります。右ページの下の表を参考に十分注意して事務を行いましょう。

●継続利用ができる条件

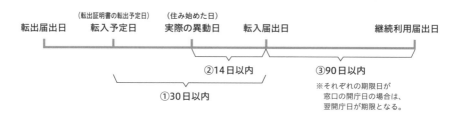

以下のどれか1つでもNGなら、マイナンバーカードは失効し継続利用ができないため、カードを回収し、再交付希望者は有償となる。
①転入届出日が転入予定日から31日以上経過している
②転入届出日が住み始めた日から15日以上経過している
③継続利用届出日が転入届出日から91日以上経過している

●住民異動と併せて同一世帯員等が手続きできる条件

	券面記載事項変更	署名用電子証明書の発行
本人と同じ世帯員、法定代理人が手続きできる条件	マイナンバーカードの住民基本台帳用の暗証番号が入力できること	暗証番号を記載した委任状等（記載した暗証番号がわからないよう封緘したもの）の提出
暗証番号の入力者	本人と同じ世帯員、法定代理人	市区町村の職員

まとめ +α
マイナンバーカード利用で、転出地で転出証明書の交付は必要ありませんが（転入届の特例）、署名用電子証明書は転出により失効するので、転入地での継続利用の際に発行の手続きが必要です。

マイナンバーカードに係る
その他の事務を知ろう②

カードの申請・交付以外にもこんな事務も！ その2

４．暗証番号の再設定（ロック解除）

　暗証番号の入力間違いなどでロックされてしまった場合、解除手続きは窓口で行います。ロック解除の手続きを代理人が行う場合は、市区町村から郵送する照会書兼回答書（本人が暗証番号を記載し封緘したもの）が必要で、即日対応はできません。この点に注意しましょう。

　なお、署名用電子証明書か利用者証明用電子証明書の暗証番号のどちらかがわかれば、スマートフォン専用アプリとコンビニのキオスク端末（マルチコピー機）を使って、ロック解除の手続きをすることが可能です。

地味に大変なバックヤード業務（交付通知書等発送後）

◆交付通知書等の管理

　交付通知書や本人限定受取郵便等で送付するカードは「転送不要郵便」で送付するため、受取期間内に本人が受け取らないと返送されてしまいます。適切な郵便記録管理をしていないと、住民からの「届いていない！」との問い合わせに対応できないおそれがあります。

◆保管カードの管理

　交付通知書発送後にしばらくしてもカードを受け取りに来ない場合や、カードが返送となってしまった場合は、受取催促を行います。受け取りに来るまで、適切に保管・管理をします。

　また、住民からの各種問い合わせ（申請したマイナンバーカードの状況確認やカード紛失の相談など）への対応も重要な事務の１つです。

　他のページで解説していますが、番号法の改正に伴い、今後カードへの氏名ふりがなの記載などが加わります。これらの事務処理の動向にも注視し、早めの対策を講じられるようにしておきましょう。

重要度 ★★★★★

●コンビニでできるパスワードの初期化・再設定方法

住民から「ロックされてしまった」と問い合わせが入ることも多い暗証番号の入力間違いへの対応。電子申請で使う署名用電子証明書のパスワード（6〜16桁）は連続5回誤入力するとロックされてしまいますが、利用者証明用パスワード（4桁の数字）を覚えていれば、署名用電子証明書パスワードロック解除手続きをアプリとコンビニで行うことができます（利用者証明用電子証明書の場合は署名用電子証明書のパスワード（6〜16桁））。窓口に来る必要がないので、住民から問い合わせがあれば案内するようにしましょう。

  JPKI暗証番号リセットアプリをスマートフォンにダウンロードし、専用予約を行う。

このアプリ！
▶ アプリ検索画面で「JPKI暗証番号リセット」で検索

24時間以内に②の手順を行う

 マイナンバーカードを持って、マルチコピー機などの対象のキオスク端末があるコンビニへ。キオスク端末で暗証番号の初期化を行う。

▶ キオスク端末の手続き可能時間は6：30〜23：00
▶ キオスク端末「**行政サービス**」メニュー→「**マイナンバーカードのパスワード再設定**」ボタンを押下→「**署名用パスワードの初期化・再設定**」ボタンを押下→マイナンバーカードをセットし、新しいパスワードの設定を行う。※署名用パスワードの場合

- 手順2は、手順1から24時間以内に行う必要がある。
- 署名用パスワードおよび利用者証明用パスワードのどちらもわからない場合は、コンビニ等では初期化・再設定ができない（市区町村の窓口で行う）。

出典：J-LIS「マイナンバーカードのパスワードをコンビニ等で初期化・再設定」をもとに作成

まとめ+α 暗証番号にロックがかかってしまうのは、利用者証明用電子証明書（暗証番号4桁）の場合は3回連続間違えたとき、署名用電子証明書（暗証番号6桁〜16桁）の場合は5回連続で間違えたときです。

住民基本台帳カードと通知カードにも残された業務がある

今も残る業務も知っておこう

　住民基本台帳カードと通知カードは、現在は廃止になりました。しかし、まだ残っている業務があるため、簡単に整理しておきます。

１．住民基本台帳カード

　マイナンバーカード導入前に、市区町村で交付されていた IC カードです。顔写真ありとなしの２種類があります。このカードには、氏名、住所（顔写真なしのカードには住所情報の記録なしの場合が多い）などの情報、IC チップ内に住民票コードが記録されており、マイナンバーカードと同様に、署名用電子証明書を利用してインターネットで行政手続きができました。2015 年末に発行が終了し、有効期限が 10 年間となっているため、2025 年にすべてのカードの有効期限が切れてしまいます。マイナンバーカードの交付の際には回収し、統合端末で廃止（有効期限満了前の場合）と回収の手続きを行う必要があります。

２．通知カード

　以前は、マイナンバーが付番されると通知カードが本人に送付されており、マイナンバーのお知らせとその番号の証明書として使われていました。

　しかし、2020 年 5 月 25 日に番号法が改正され、通知カードは廃止となり、通知カードの新規発行、再交付や記載事項変更の手続きは終了となりました。そのため、現在、氏名・住所等の記載事項に変更が生じた通知カードは、マイナンバーを証明する書類としては使用できません。

　ただし、現在も、①通知カードの紛失届、②紛失した通知カードを発見した旨の届出、③通知カードの返納・廃棄の業務は残っています。

　なお、マイナンバーの通知は、通知カードに代わり、個人番号通知書となりましたが、個人番号通知書ではマイナンバーの証明書類として使用できませんので注意をしてください。

重要度 ★★★

●住民基本台帳カードと通知カード

住民基本台帳カード

写真あり

写真なし

- マイナンバーカード導入前に交付されていたICカード
- 2015年末に発行が終了している。カードの有効期限が10年のため、2025年にすべてのカードの有効期限が切れる
- マイナンバーカード交付時に回収し、統合端末で廃止（有効期限満了の場合）と回収の手続きを行う必要がある
- マイナンバーカード交付時の住民向け案内文の持ち物リストのなかに入っている

通知カード

- マイナンバーが付番されるとこの通知カードが本人に送付され、番号の証明書として使用されていたが、2020年5月の法改正をもって通知カードが廃止された（新規発行、再交付、記載事項変更手続きも終了）
- 氏名・住所などの記載事項に変更が生じていれば、マイナンバーを証明する書類とならない
- 以下の業務は継続している
  ①通知カードの紛失届
  ②紛失した通知カードを発見した旨の届出
  ③通知カードの返納・廃棄の業務

まとめ+α　住民基本台帳カードは2025年に有効期限が切れます。マイナンバーカード交付の際は回収し、統合端末で手続きをします。通知カードは、回収して廃棄します（紛失の場合は紛失届の処理）。

マイナンバーカードの今後の動向を把握しよう

アンテナを高くして余裕をもって対策しよう

　マイナンバーカードの現在の業務のみならず、今後の動向にも注視して対策を先取りする必要があります。

1．顔認証マイナンバーカード

　2024年12月2日をもって健康保険証の新規発行が終了し、マイナンバーカードによる資格確認を基本とするしくみに移行します。しかし、高齢者や施設入所者など暗証番号の設定や管理に不安のある者の負担を軽減するため、暗証番号の設定を不要とし、本人確認方法を機械による顔認証または目視による顔確認に限定した「顔認証マイナンバーカード」が導入されています（P.56）。

2．郵便局を活用したマイナンバーカードの交付等

　マイナンバーカード健康保険証へのスムーズな移行を視野に、交付申請等を実施できる場所を拡充する必要性から、2023年6月の郵便局事務取扱法（地方公共団体の特定の事務の郵便局における取扱いに関する法律）の一部改正により、身近な郵便局でもカードの一部の事務を取り扱うことが可能となりました。

　なお、実施するには、議会の議決などが必要です。

3．マイナンバーカードの特急発行・交付

　現在、申請から住民にカードが届くまで1～2か月程度を要します。しかし、新生児の誕生時や紛失等による再交付、海外からの転入者など、特にすみやかな交付が必要となるケースは少なくありません。そこで、このような対象者に向け、発行期間の短縮が検討されています。

　市区町村の窓口で本人確認と顔写真撮影を行い、専用のオンラインシステムに入力することにより、申請から1週間以内（最短5日）でカードの交付が可能となるとされています（2024年12月2日施行）。

4．次期カード

　デジタル庁から「次期個人番号カードタスクフォース」最終とりまとめが公表されました。今後の業務に大きな影響を及ぼすことが予想されます。

重要度 ★★★★

●郵便局でのマイナンバーカードの交付

自治体が指定した郵便局において取り扱うことができる事務に、マイナンバーカードの交付申請の受付等の事務を追加する。

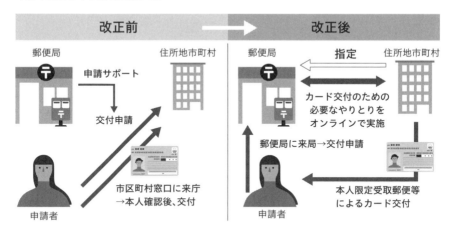

出典：総務省「郵便局を活用したマイナンバーカードの交付に取組んでみませんか？」をもとに作成

●マイナンバーカードの特急発行・交付

新生児、紛失などによる再交付、海外からの転入者など特に速やかな交付が必要となる場合を対象にした特急発行・交付の仕組みを創設し、1週間以内（最短5日）に短縮。

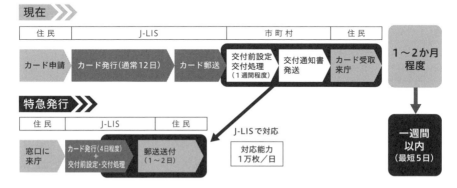

出典：総務省「全国都道府県財政課長・市町村担当課長合同会議資料」をもとに作成

まとめ +α 今後もマイナンバーカードをめぐる制度の変更や用途の拡大などは続くと予想されます。私たち自治体職員は、いち早くこれらの情報をキャッチし、スムーズに対応できるように準備を進めましょう。

利活用に関する情報を
リサーチしよう

デジタル社会の基盤となるマイナンバーカード

　住民の8割が持つこのカードにより、安全で便利な社会にしていくことを考えない手はありません。

　デジタル社会の基盤となるこのマイナンバーカードですが、テクノロジーや社会状況の変化に応じて、新しい活用方法や制度の見直しが頻繁に行われています。普及促進から利活用促進に軸足が移りはじめているため、カード自体の使い勝手の向上を考える必要があります。

　そこで、マイナンバーやマイナンバーカードを活用した最新の先進自治体での活用事例等を探してみましょう。

● 　2024年6月に閣議決定された「デジタル社会の実現に向けた重点計画」(P.12)の重点的な取り組みの1つとして「マイナンバーカードの普及と利活用の推進」が挙げられています。ここでは「マイナンバーカードを日常生活の様々な局面で利用できるようにする」とあり、参考となる取り組みが記載されています。

● 　これらの取り組みに関しての情報提供として、デジタル庁のウェブサイトに右のようなコンテンツを掲載しています。

● 　その他、マイナンバーカードの利用の促進に関するお役立ち情報を、自治体・民間事業者に届けることを目的に「マイナンバーカード・インフォ」を配信(ウェブサイトにも掲載)しています。

　これらから得た情報をもとに、先進自治体の担当者やシステムを提供しているベンダー等に尋ねてみたり、現地視察などで情報交換を行ってみたりすることにより、ウェブサイト上の情報だけではわからない生の声を聴くことができ、大変有益です。

重要度 ★★★★★

● 利活用事例を集めるヒント

デジタル庁「デジタル社会の実現に向けた重点計画」には
次のように掲げられている

> 「市民カード化」の推進
> 　マイナンバーカードを日常生活の様々なシーンに持ち歩き、安全、安心に様々な形で利用ができるようにする。図書館カード、印鑑登録証、書かない窓口の実現など、行政による市民サービスにおけるマイナンバーカードの利活用については、自治体が共同利用できるシステムやアプリの提供を行うと共に、推奨すべきケースやソフト／システムを積極的に特定し、当該サービスの全国への展開を積極的に支援する。
> 　なお、コンビニ交付サービスや行政手続のオンライン化をはじめとしたフロントヤード改革についても、引き続き推進する。

出典：デジタル庁「デジタル社会の実現に向けた重点計画」（2024年6月21日閣議決定）

デジタル庁ウェブサイトで入手できる利活用の情報

「デジタル実装の優良事例を支えるサービス／システム」
https://digiden-service-catalog.digital.go.jp/
○第1版はマイナンバーカードを利活用するとされているサービス／システムを掲載。Digi田（デジでん）甲子園の受賞サービス掲載版も。どの自治体でも使えることを目的としている。

「自治体向けマイナンバーカード活用情報」
https://www.digital.go.jp/policies/mynumber/local-government

「マイナンバーカード・インフォ（自治体向けお役立ち情報）」
https://www.digital.go.jp/policies/mynumber/local-government/ info
○国の施策、自治体、民間企業の利用事例、よくある質問への回答などを随時発出している。民間事業者向け版もある。

まとめ+α　私たち自治体職員には、マイナンバーカードを使って安心・安全で便利なデジタル社会を実現する使命があります。利活用事例等の情報を自分の手と足をフル活用して手に入れてください。

Part 3

しっかり知りたい
情報連携
のしくみ

情報連携の目的とメリットを知ろう①

なんのための情報連携？ をしっかり知ろう

　マイナンバー制度の目的は、①国民の利便性の向上、②行政の効率化、③公平・公正な社会の実現の3点です。この3つを達成するために肝となるのが「情報連携」です。マイナンバー制度が始まるまで、住民は、事務手続きに必要な書類を複数の自治体等から入手する必要がありました。また、自治体などにおいても、業務を行うために必要な情報を他団体から文書で照会する必要がありました。これらの証明書等の他団体への「公用請求」事務だけでも、請求する側、請求に対応する側の双方で決裁、印刷、郵送手続きなどが発生していたものが省力化されます。

　情報連携は、住民にとっても自治体などにとってもメリットがあり、効率化に役立つものとなっています。マイナンバーを利用した情報連携可能な事務手続きは約2,500にも及びます（2024年6月17日現在）。2019年6月17日のデータ標準レイアウト改版以降の情報提供件数は、平均約115万件／週です。

カードを持っているかいないかは関係ない！

　マイナンバーカードの交付の窓口では、住民から情報連携について説明を求められることがよくあります。情報連携は、住民がマイナンバーカードを所持しているかどうかにかかわらず実施されます。この住民自身の情報がどの手続きでどのような情報が連携されているかなどを確認できるのが、マイナポータルです（Part 4で解説）。マイナンバーを使った情報連携などに不安を感じているならば、むしろマイナンバーカードを積極的に使い、自身の情報を確認してもらえるとありがたいです。

　行政手続きのオンライン化が推進されていますが、住民が添付書類等をそろえる必要がなくなる情報連携があって初めて、オンライン化が進められます。さまざまな手続きをより便利にしていきたいですね。

参照　デジタル庁「マイナンバー制度とは」2.1.情報連携
https://www.digital.go.jp/policies/mynumber/explanation#guidance2.1

重要度 ★★★★★

●情報連携するとこんなに便利

例：児童手当の申請（A市からX市に転居した場合）

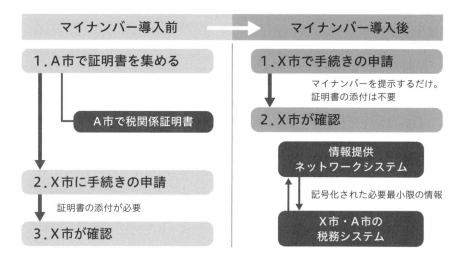

●情報連携可能な事務手続きは約2,500！

情報照会している
主な事務手続き
および件数
（H29.7.18 ～ R2.5.7）

手続き名	件数
年金給付関係手続き（国民年金法）	27,350,706
年金給付関係手続き（厚生年金法）	6,621,809
高等学校等就学支援金支給関係手続き	5,717,311
年金生活者支援給付金支給関係手続き	5,058,012
地方税の賦課徴収関係手続き	3,176,698

情報提供されている
主な特定個人情報
および件数
（H29.7.18 ～ R2.5.7）

特定個人情報［特定個人情報番号］	件数
住民基本台帳関係情報［1］	32,507,125
地方税の課税情報［2］	27,655,688
年金給付支給関係情報［53］	1,269,687
医療保険資格関係情報［31］	792,325
年金給付支給・徴収関係情報［64］	692,214

出典：内閣官房・総務省「マイナンバー制度による情報連携」（令和2年5月）をもとに作成

> **まとめ +α**　情報連携することで、書類を集める手間が省けて住民もうれしい！ 自治体も効率化できてうれしい！　ちなみに、カードを持っているかいないかにかかわらず、情報連携がされています。

情報連携の目的とメリットを知ろう②

どうして情報連携をするのか？

　行政手続きの多くは、他の事務や行政機関等の情報を利用します。たとえば、児童手当の支給事務を行うとき、所得制限の確認のため税情報を、職種の確認のため健康保険証の資格情報を確認します。また、国民健康保険の加入申請では、直前の健康保険の資格喪失の情報などを確認します。

　マイナンバー制度が始まる前は、これらの個人情報を、申請者本人が添付資料用として自ら準備する必要があり、手続きによっては、仕事を休んで複数の役所を回って集めなければならず、膨大な手間と時間がかかっていました。

　これを解消するのが、マイナンバー制度による情報連携です。

本人同意不要の個人情報のやりとりだけれど…

　他制度の情報を使うということは、各業務制度での収集の目的を超えた個人情報の目的外利用をすることになりますが、番号法は個人情報保護法の特別法（優先される法律）にあたり、番号法第19条8号において、特定個人情報の提供が可能となる条件が限定列挙されています。これに該当する場合は、同法第22条第1項の規定により情報提供を行うことが義務とされているため、一部の事務の地方税情報を除いて、本人同意が不要となっています。だからこそ、情報連携の取扱いには注意が必要です。

　もっとも、番号法に規定される特定個人情報の取扱いは各業務法（上の例でいえば児童手当法や国民健康保険法）の規定に基づいた情報の取扱いになるので、個人情報保護法に抵触するものではないと筆者は考えます。

参照　デジタル庁「マイナンバー制度」2.1.情報連携　に情報連携可能な事務手続きの一覧などのPDFが随時アップされている。
https://www.digital.go.jp/policies/mynumber/explanation#guidance2.1

重要度 ★★★★★

● 情報連携を活用すると…

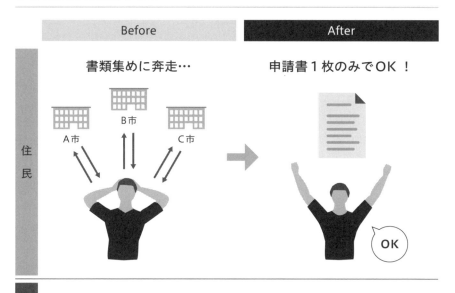

まとめ +α　情報連携といっても、情報をどこかのシステムに一元管理するのではなく、データの所在は各行政機関のままです。必要な都度、情報提供ネットワークシステムを介して照会・提供が行われます。

マイナンバー制度における３つの情報連携

自治体内における情報連携のパターンを知る

　情報連携とは、番号法に基づき専用のシステム（情報提供ネットワークシステム）を利用し、異なる行政機関間（自治体と中央省庁、自治体と医療保険者など）でマイナンバーから生成された符号をもとに支給決定等の手続きに必要となる個人情報のやり取りを行うことです。

　一方で、同一自治体内における広義の情報連携もあります。

- 同一機関内における情報連携（例：同一自治体の税務課と福祉課）
- 首長部局と教育委員会などの同一自治体の異なる機関との情報連携
　※教育委員会は首長から独立した行政委員会としての位置づけ

　この２つの情報連携が、異なる行政機関間の場合とシステム的に大きく異なるのは、情報提供ネットワークシステムを利用せず、自治体内の独自ネットワークシステムや紙・記録媒体を利用している点です。

　以上をまとめると、情報連携のパターンは次の３つになります。右ページもあわせて確認してください。

●異なる行政機関間での情報連携（番号法第 19 条第 8 号）
●同一機関内の情報連携（庁内連携）（番号法第 9 条第 2 項）
●同一自治体の首長部局と教育委員会の情報連携（自治体内他機関の庁内連携）（番号法第 19 条第 11 号）

　情報連携することで、住民の手を煩わさずとも役所側が取得できるようになり、添付書類の削減が可能となりました。さらに、証明資料等を発行する役所としても、書類の印刷発行等の事務が削減できることになりました。

参照　【教育委員会についてチェック】文部科学省「教育委員会制度について」
https://www.mext.go.jp/a_menu/chihou/05071301.htm
【情報提供ネットワークシステムを使用する者】個人情報保護委員会「特定個人情報の適正な取扱いに関するガイドライン（行政機関等編）」
https://www.ppc.go.jp/legal/policy/my_number_guideline_gyosei/

重要度 ★★★★★

●情報連携のパターン

◆異なる行政機関間でつながる

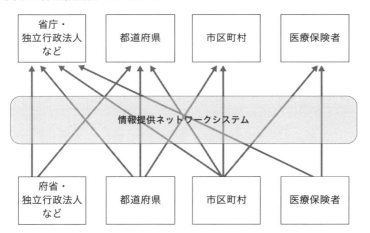

◆同じ自治体の同一機関内の異なる部署同士がつながる

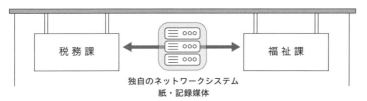

※番号利用事務間であれば、連携する情報にマイナンバーが含まれていなくても庁内連携にあたる。

◆首長部局と教育委員会がつながる

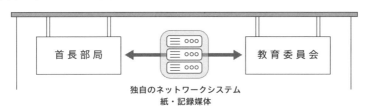

※番号利用事務間であっても連携する情報にマイナンバーが含まれていなければ、庁内連携にあたらない。

まとめ +α 事務や行政機関等は、情報連携主務省令に規定されています。庁内連携については、番号法第9条第2項および第19条第11号により条例規定が必要とされています。

情報連携ができる事務を知ろう

第19条第8号による情報連携主務省令

　他の行政機関や自治体との情報連携では、番号法第2条第14項に規定される「情報提供ネットワークシステム」（P.90）を利用します。

　さて、誰が／どのような事務手続きで／どの機関の／どのような情報を取得できるのかは、すべて番号法「第19条第8号に基づく利用特定個人情報の提供に関する命令」（以下、「情報連携主務省令」という）に規定されています。

- ・第一欄：情報を求めることができる機関である＜情報照会者＞
- ・第二欄：情報を求めることができる＜利用個人番号利用事務＞
- ・第三欄：情報を渡す側の機関である＜情報提供者＞
- ・第四欄：渡す情報の内容である＜利用特定個人情報＞

　情報連携主務省令第2条の表は、法律の条単位での規定であり、さらに細かく条項や省令単位まで落とし込んだ規定が第3条以降になります。法改正以前は第2条部分が番号法別表第2として法律に規定され、第3条以降が「別表第2主務省令」として省令に規定されていました。

　さらに、手続きや個別の情報単位まで規定しているのが、「データ標準レイアウト」です。データ標準レイアウトは、「○○の申請手続き」など、実際の手続き単位で事務が列挙されている、情報連携のためのレイアウト仕様です。また、提供を受けることができる情報についても、たとえば税情報であれば、「住民税所得割の額」といったように、提供を受けることができる情報項目まで掲載されています。表を順に追っていくことで、どのような事務手続きでどのような情報を求めることができるのかを確認することができます。

　そして、実務上では、デジタル庁の「情報連携可能な事務手続の一覧及び省略可能な書類」を参照することで、具体的に省略可能となる添付書類を確認することができます。

参照　デジタル庁「マイナンバー制度とは」2.1. 情報連携
https://www.digital.go.jp/policies/mynumber/explanation/

重要度 ★★★★★

●情報連携主務省令、データ標準レイアウトなどの関係

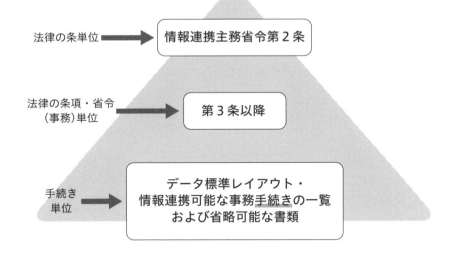

●情報連携主務省令第2条の表が表している内容と読み方

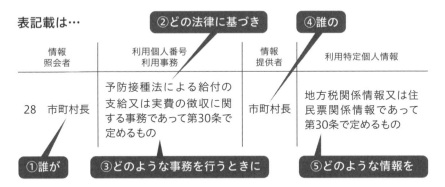

…について情報提供ネットワークシステムを使って照会してよいかを記載している。

まとめ +α　情報連携主務省令第2条の表は根拠法の公布日と法律番号順に規定されています。読み方を覚えるには、自分が関わったことがあるなど身近な業務の項目やわかりやすい法律から見てみましょう。

他の行政機関とつながる
専用システムって？①

情報提供ネットワークシステムの必要性

　異なる行政機関同士が情報連携するための基盤が「情報提供ネットワークシステム」です。番号法上、内閣総理大臣が設置・管理することとされており、現在は、総理大臣配下のデジタル庁が所管しています。ここでは、このシステムについて詳しく解説していきます。システムとそのしくみを知れば、自分の業務で発生した情報が、どこでどのように使われるかなどを理解することができます。

　各行政機関等が保有する個人情報に共通のマイナンバーがつくことで、制度や保有する機関が異なっても、それぞれの機関で同じ人物の情報であることの確認ができるようになりますが、行政機関間で連携されていなければ、効率的ではありません。

　一方、各行政機関はそれぞれ独自に業務システムを開発、調達しているため、業務システムをつなげるしくみが必要です。そこで、各機関が使用する千差万別の業務システム同士をつないで自動で連携させるのが「情報提供ネットワークシステム」です。この情報提供ネットワークシステムには現在5,300を超える行政機関等が接続しており、マイナンバー制度を支える基盤として、日々、安定的に稼働しています。

データ標準レイアウトに基づいている

　車が行き来する道路でも交通ルールがあるように、情報提供ネットワークシステムにおいても、システム間を行き来するデータの交通整理を行うためにはルールが不可欠です。前項で解説したデータ標準レイアウトがルールにあたります。このシステムでは、情報の求めがあったときに、その内容がルール（データ標準レイアウト）に基づいているか確認をし、そのうえで情報の提供依頼者に対し許可を与えています。

参照　【データ標準レイアウトを確認してみよう】マイナポータル「特定個人情報データ標準レイアウト（事務手続対応版）令和6年6月向け改版（令和5年6月公開）」
https://myna.go.jp/html/api/selfinfo/R6-6/B-108_R6-6.xlsx

重要度 ★★★★

●情報提供ネットワークシステムとは

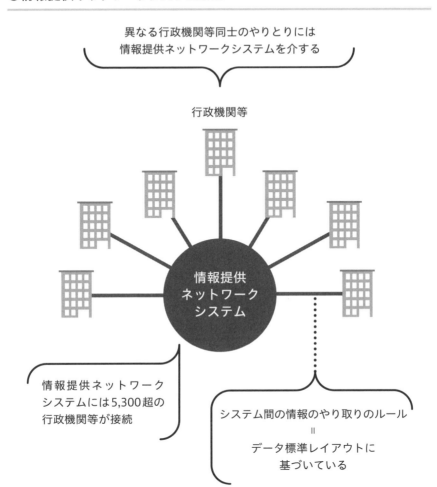

異なる行政機関等同士のやりとりには情報提供ネットワークシステムを介する

行政機関等

情報提供ネットワークシステム

情報提供ネットワークシステムには5,300超の行政機関等が接続

システム間の情報のやり取りのルール
＝
データ標準レイアウトに基づいている

まとめ +α　情報提供ネットワークシステムのルールとなるのがデータ標準レイアウトであり、データ標準レイアウトに基づき情報の提供依頼者からの照会に許可を与えています。

他の行政機関とつながる
専用システムって？②

情報のやり取りにはマイナンバーそのものは使っていない

　情報提供ネットワークシステムの最大の特徴は「機関別符号」の管理にあります。情報連携する際に、マイナンバーを直接用いて行うと、通信の記録を見た際、誰のどのような情報がやり取りされているのかわかってしまい、万が一、悪意を持った第三者に通信を傍受されてマイナンバーを悪用されてしまうと大規模な個人情報流出事案となってしまいます。

　番号法は、住民基本台帳ネットワークシステム（住基ネット）最高裁判決（2008年3月6日）を踏まえた制度設計となっており、特に情報連携の実現に当たっては、「個人情報を一元的に管理することができる機関又は主体が存在しないこと」、「情報が容易に漏洩する具体的な危険がないこと」という合憲判断の骨子を踏まえる必要がありました。

　そこで、情報提供ネットワークシステムは、マイナンバーを直接用いず、「機関別符号」というマイナンバーとは別の識別子を使用し、さらに通信の暗号化を行うことで、個人情報の一元化と漏えいの危険性を回避しています。

　また、このシステムを利用する際には、統一されたデータ形式のデータでやり取りするようにルールが定められており、このシステムのルールを守ればそれ以外は自由に各機関で各業務のシステムを利用することを可能としているのです。

　Part 4・マイナポータルの章でも解説しますが、マイナポータルでは、自分のマイナンバーのやり取り（情報連携）が記録されており、それを確認することができます。情報提供ネットワークシステムで不正な情報連携がされていないかなどを確認するため、特定個人情報の提供の申請や提供が記録されているのです。住民にとっても安心できる仕様ですね。

重要度 ★★★★

●マイナンバー制度における情報連携のイメージ

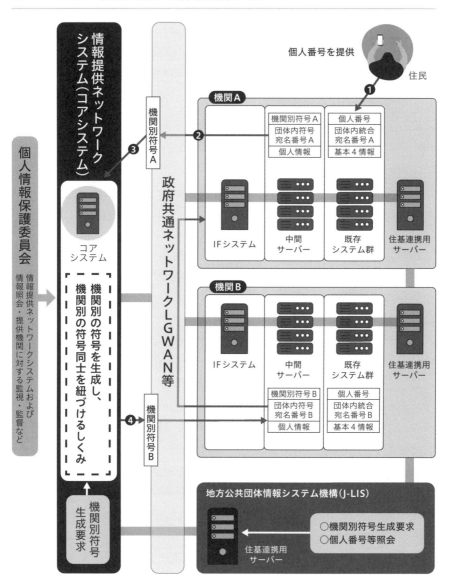

出典：月刊J-LIS

> **まとめ +α**　情報提供ネットワークシステムでは、マイナンバーをもとに、各機関に払い出された「符号」を使っています。このようにすることで、芋づる式に情報が漏えいするリスクなどを防止しています。

情報提供ネットワークシステムと自動連携する中間サーバー

中間サーバーのしくみとは

　P.90 で、情報提供ネットワークシステムには、5,300 を超える機関が接続しており、各行政機関等が使用しているシステムはそれぞれ独自に調達されていて千差万別であると説明しました。各システムが異なっているのですから、保有している情報のルールや保存方法などもさまざまです。そして、これらを結ぶために情報提供ネットワークシステムがつくられたとも説明しました。

　さて、この情報提供ネットワークシステムに接続するには、すべての機関に情報提供ネットワークシステムとの接点（インターフェース）を作らなければなりません。そこで、各行政機関がクラウド技術を活用した保存場所を構築し、そこに同じルールに則った情報を保存するようにしました。この保存場所が「中間サーバー」です。

　この中間サーバーが情報提供ネットワークシステムと接続することで、自動連携を実現しています。たとえるなら、中間サーバーは区分所有された「分譲マンション」です。棟全体は取りまとめ団体が管理しますが、それぞれの部屋は各行政機関が区分所有し、そこに各行政機関の業務システムで更新されたデータが統一のルールに基づいて日々保存され、情報連携のために保管されるイメージを思い浮かべてください。

　各業務システムの情報を「正本」と呼ぶことに対し、この中間サーバーに保存されたデータのことを「副本」と呼びます。「副本」のデータの順番や表示形式、保存の頻度や保存期間などのルールは、デジタル庁や各制度所管府省によって定められています。

　いわば各国語で書かれた「正本」を、共通言語に翻訳したうえで書き写したコピーが「副本」なのです。

　中間サーバーへのデータのアップロードは、各業務システムから日次で自動連携している場合や一括して更新する方法、情報照会がある都度手動入力して回答する方法などさまざまです。

重要度 ★★★★

●中間サーバーの位置づけ

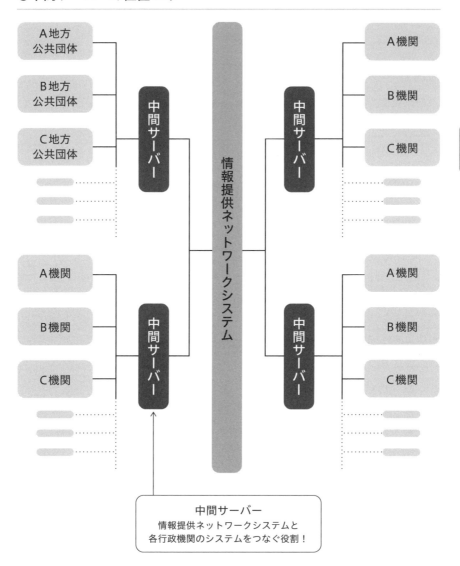

| まとめ +α | 中間サーバーに保存される副本はデータ標準レイアウトに基づいた共通のデータ形式になっています。中間サーバーがあるからこそ自動連携が実現しています。 |

庁内ではどのように情報連携をしている？

特定個人情報の「利用」と「提供」の違い

　庁内における情報連携（以下、「庁内連携」）には、P.86で書いたとおり、①自治体内の同一機関内における情報連携と②首長部局と教育委員会など自治体内の他の機関との情報連携の2種類があります。これらは情報提供ネットワークシステムを使用することはできません。

　①は、同一機関内で保有する特定個人情報を番号法第9条第2項に基づいて「利用（特定個人情報の移動）」することになります。一方、②は、同一自治体内であっても機関が異なるため「利用」ではなく、番号法第19条第11号に基づく特定個人情報の「提供と照会」に当たります。いずれも、条例に定める必要があり、庁内連携を実現するためには、「番号利用条例」を制定する必要があります。条例の作り方はいろいろですが、情報連携主務省令と同じ事務や事務情報の連携は包括的に法令に準拠する規定を行い、規定されていない連携を個別に規定するというケースが多いのではないかと思います。

　この庁内連携においては、連携の際の「キー」としてP.24で述べた「宛名番号」が使われ、マイナンバーが直接使われていなくても、それぞれの事務でそのキーを使ってマイナンバーを調べることができれば、番号法の規定が適用となる庁内連携を行っていることになります。また、連携の方法としては、自治体内の業務システム間で連携する方法や媒体を使ってデータを受け渡しする方法、紙で受け渡しをする方法などがありますが、いずれも、マイナンバー制度の庁内連携に該当します。

参照　個人情報保護委員会「特定個人情報の適正な取扱いに関するガイドライン」
https://www.ppc.go.jp/legal/policy/

重要度 ★★★★

●庁内の情報連携のイメージ

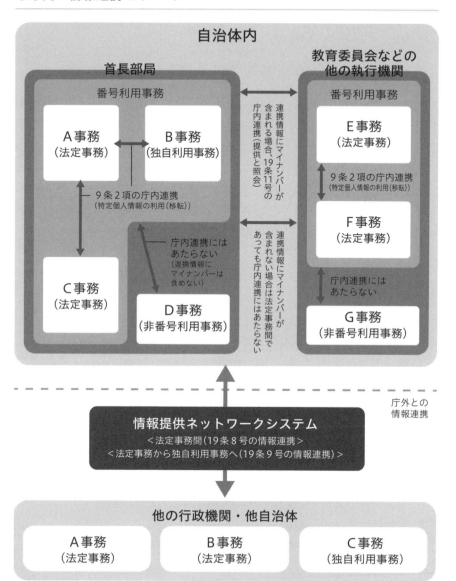

| まとめ
+α | 庁内連携では、情報提供ネットワークシステムは使わず、庁内の業務システム間でデータをやり取りします。その際、マイナンバーは使わず、宛名番号を使用します。また、必ず条例で定めます。 |

自治体独自の事務もマイナンバーで情報連携ができるものもある

こんなときは自治体単独事務（独自利用事務）で情報連携

　たとえば乳幼児医療助成制度は、法律に基づく事務ではなく、自治体が条例等を作って事務を行っています。このような自治体独自の事務で、自己負担割合を決めるために税の情報を使ったり、どんな健康保険に加入しているかを調べたりする必要がある場合があります。

　たとえば、つい最近引っ越してきた住民の前年度の所得は、転入前の自治体から取り寄せなければなりません。もし、マイナンバーを使って税情報を取得できたら、それは事務効率化、住民サービスの向上の効果が高い事務といえます。

　また、法定事務の給付額に自治体独自で給付額を増額している事務（上乗せ）や、対象範囲を広げている事務（横出し）も同様です。このように、マイナンバーを利用する事務のことを「独自利用事務」といいます。これらの事務が、番号法の事務に準じる事務である場合は、個人情報保護委員会の承認を得ることによって、他の行政機関や自治体と情報提供ネットワークシステムを介した情報連携ができるようになります。

　なお、これら条例事務は、その根拠となる番号法に基づく事務の内容や、その情報連携の規定が改正された場合に、条例改正等の必要が生じることもあるため、法改正の動向には十分に注意するようにしましょう。

委員会規則で定める要件

①独自利用事務の**趣旨**または**目的**が、法定事務の根拠となる法令の趣旨または目的とおおむね同一であること。
②その事務の**内容**が、法定事務の内容と**類似**していること。

→このとき情報連携を行う機関・連携される情報は以下のとおり

◎情報照会者：自治体の長、その他の執行機関
◎情報提供者：法定事務における情報提供者と同一または当該情報提供者のいずれか
◎連携される特定個人情報：
　　法定事務において提供を求める特定個人情報の範囲と同一またはその一部 ※特定個人情報→P.122参照

参照　個人情報保護委員会「独自利用事務の情報連携」
https://www.ppc.go.jp/legal/dokujiriyoujimu/

重要度 ★★★★

●上乗せ、横出しの例

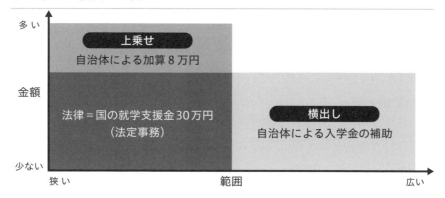

※上乗せ・横出しの事務と一体的な事務処理を行うため、独自利用事務とせざるを得ない。
※一方、法定事務で情報連携を行う場合、上乗せ・横出し部分は提供を受けた情報を利用できないため、個人情報保護委員会への届出・承認が必要。

●独自利用事務の情報連携のしくみ

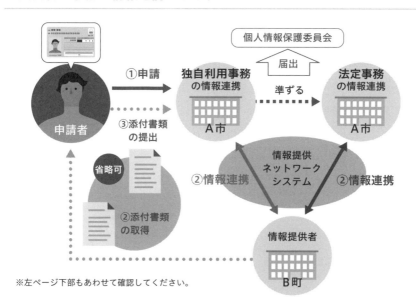

※左ページ下部もあわせて確認してください。

出典：個人情報保護委員会「独自利用事務の情報連携制度」をもとに作成

> **まとめ +α**　独自利用事務も情報連携することで住民サービス向上と効率化が望めます。他の自治体との情報連携は個人情報保護委員会への届出・承認が必要です。

情報連携の徹底活用で
住民・職員の負担を減らそう

番号利用法の基本理念に立ち返ろう

　情報連携を行うためには、前述のとおり、システムや条例の整備など導入に当たっての事務的な負担が多いかもしれません。事務によっては、従来どおり申請者に用意してもらうほうが手っ取り早いと感じることもあると思います。

　しかし、マイナンバー制度の導入は、住民に対しマイナンバーの管理など一定の負担をお願いする代わりに、行政事務を効率化し、住民の行政手続きの負担を軽減するという約束をしているのです。

　番号法第3条では、「個人番号及び法人番号の利用は、この法律の定めるところにより、次に掲げる事項を旨として、行われなければならない」とされ、第1号において「行政事務の処理において、個人又は法人その他の団体に関する情報の管理を一層効率化するとともに、当該事務の対象となる者を特定する簡易な手続を設けることによって、住民の利便性の向上及び行政運営の効率化に資すること」とあります。

　したがって、情報連携を活用することは行政事務を行う者の責務であるといえます。

　国は、行政手続きを60秒以内にスマホで完結することを目指しています。マイナンバーカードの普及を踏まえ、マイナンバーやマイナンバーカードを活用した行政手続きのオンライン化がますます進んでいくことが予想されますが、オンライン化の前提にあるのは情報連携です。もし、みなさんの部署で情報連携が活用されていない場合は、すぐにマイナンバー制度の統括部門と調整し、情報連携を活用しましょう。

　あわせて、職員の負担軽減も検討しましょう。マイナンバーの活用を前提とした窓口業務への見直し、情報連携を効率よく行えるシステム仕様の検討など総合的な業務BPRの視点も欠かせません。

重要度 ★★★★★

●独自利用事務の情報連携をしたとき・しないとき

例：B町からA市に転入した申請者がひとつの窓口で
①児童扶養手当（法定事務）、②ひとり親等の医療費助成（独自利用事務）の申請をしたとき

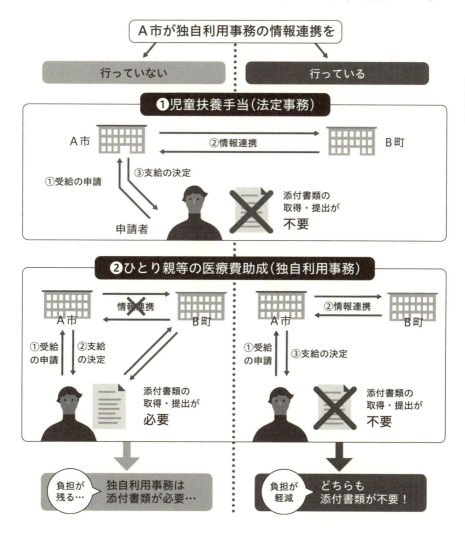

| まとめ +α | 独自利用事務の情報連携を始める際、システムの整備や条例制定など負担が多いですが、住民サービス向上と業務効率化のための義務です。これを機に、システム仕様や窓口業務も見直しましょう。 |

Part 4

マイナポータル

を
説明できるようにする

マイナポータルは
なんのためにある？

住民は自身の情報やりとり履歴を確認する権利がある

　マイナポータルとは、国（デジタル庁）が構築・運用するオンラインサービスで、正式名称は「情報提供等記録開示システム」といいます。

　さて、マイナポータルとはなんのためにあるのでしょうか？

　まず、マイナンバー制度の基本理念の1つ、「国民の権利を守り、国民が自己情報をコントロールできる社会」を実現することがあります。

　また、情報連携のセクションで解説したとおり、マイナンバーを使った情報連携には本人同意が不要とされています。本人の知らないところで情報連携ができてしまうことは、この理念（自己情報コントロール権）に反することになります。

　そこで、マイナンバー制度では、番号法で「情報提供等記録開示システム」を設置することとし、住民自らが、自身のマイナンバーと紐づいて行政機関が保有する情報や、情報連携による利用の履歴を確認できるようにしました。これがマイナポータルです。

　マイナポータルの機能は、①情報提供等記録開示機能、②自己情報表示機能、③お知らせ情報表示機能、④ワンストップサービスの4つです。①〜④については、次の項で詳しく解説します。

「確認できる」だけじゃない！ 拡がるサービス

　マイナポータルは、行政サービスの「ハブ」や「ポータルサイト」として、さまざまな機能が追加・拡充されており、注目度の高いサービスといえます。

　なお、マイナポータルには、ログインが必要なサービスと、ログインが不要なサービスがあり、ログインにはマイナンバーカードの利用者証明用電子証明書を使用します。

参照　内閣府「マイナンバー（社会保障・税番号制度）」
https://warp.da.ndl.go.jp/info:ndljp/pid/11778291/www.cao.go.jp/
bangouseido/history/giron.html

重要度 ★★★★

●マイナポータルはこうなっている

自分の情報を確かめる

① 情報提供等
　記録開示機能
　（→P.106）

② 自己情報表示機能
　（→P.106）

③ お知らせ情報
　表示機能
　（→P.108）

やること＆進捗状況を知る

④ ぴったりサービス
　（手続き中、手続き後
　の情報がわかる）
　（→P.108）

オンラインでできる手続きを知る

④ ぴったりサービス
　（→P.108）

Part 4 マイナポータルを説明できるようにする

まとめ +α　マイナポータルは、マイナンバー制度を活用したデジタル・ガバメントの中核として行政と住民のタッチポイントとなる重要なオンラインプラットフォームです。

マイナポータルでできること①

①情報提供等記録開示機能：情報のやり取り履歴が確認できる

　「情報提供等記録開示機能」は、行政機関などが情報提供ネットワークシステムを利用して情報連携をした記録を、閲覧・確認できる機能です。
　各機関が中間サーバーに保存した特定個人情報を、「いつ」「どの行政機関が」「どのような情報を」「どのような手続きを処理するために」「どの機関に対し」提供したのかの情報連携のやり取りの「履歴」が、一目瞭然です。なお、DV等要支援者に係る不開示とされた記録や正常に情報連携が完了していない記録は表示されません。また、番号法施行令によりマイナポータルで確認できる情報提供等記録の保管期間は7年です。

②自己情報表示機能：行政機関が保有する自分の情報が確認できる

　「自己情報表示機能」は、各行政機関等が機関ごとの中間サーバーに保存している自分の個人情報を閲覧確認できる機能です。「どの機関」が「どんな情報」を保有しているのかをチェックすることができます。
　マイナンバーカードの健康保険証利用の開始に伴い、2021年10月から医療保険の薬剤情報、特定健診情報、後期高齢者健診情報の閲覧機能がリリースされ、同年11月からは医療保険の医療費通知情報も確認できるようになり、確定申告の医療費控除にも活用できるようになりました。さらに、2023年9月からは医療機関の診療情報も確認が可能となり、確認できる情報の範囲が広がっています。また、これらの情報は、自己情報提供API機能により、自分自身が承諾すれば民間のアプリに提供できるようになります。今後は、保険の申し込みや健康アプリなどでの活用が見込まれます。
　なお、「情報提供等記録開示機能」と同様に、DV等要支援者に係る情報は「自動応答不可設定」により閲覧が制限されます。また、中間サーバーに保存される特定個人情報は基本的には過去5年分です。

 マイナポータル「特定個人情報等の項目一覧」
https://myna.go.jp/html/person_info_list.html

重要度 ★★★★

●行政機関が持っている自分の情報がわかる、自分の情報のやりとり履歴がわかる

「ホーム」画面にした状態で下にスクロール

「ホーム」画面にした状態で下にスクロール

自分の情報が何の手続きでやりとりされたかの詳細とやりとり履歴がわかる
（①情報提供等記録開示機能）

どんな行政機関が自分のどんな情報を保有しているかがわかる
（②自己情報表示機能）

ここからさらに詳しく確認できる
- 対象の事務手続き
- 照会機関
- 情報照会者部署名
- 照会日時
- 提供機関
- 提供日時
- やりとりされた情報の名称

- 一覧になっている
- どの行政機関が、どんな情報をもっているかわかる

Part 4 マイナポータルを説明できるようにする

まとめ +α　情報提供等記録開示や自己情報表示機能は、個人情報の取り扱いに不安を感じている方にこそ使ってほしい機能です。

マイナポータルでできること②

③お知らせ情報表示機能:行政機関からプッシュ型の通知が送信できる

　「お知らせ情報表示機能」は、特定の住民に対し、お知らせを情報提供ネットワークシステム経由で直接マイナポータル上に通知表示できる機能です。

　このサービスは「デジタル通知」と呼ばれます。行政機関は、子育て世代などあらかじめ対象者（属性）を絞り込んだプッシュ型の通知をすることができ、今後、広がりを見せていくサービスでしょう。

　一方、住民がマイナポータルでメール通知をオンにしていない場合は、ログインしなければ通知を確認できないこと、過渡期にあって紙と併用しなければならないことなどの課題がありますが、自治体としては、オンライン申請とセットで進めていかなければならない重要な分野といえます。

④「ぴったりサービス」:行政手続きのワンストップサービスを目指す

　「ぴったりサービス」は、国が提供するオンライン手続きの検索・申請システムです。子育てに関する手続きをはじめ、さまざまな申請や届出を地域別で検索でき、オンラインで申請を完結させることができます。

　従来、オンライン申請サービスを提供するには、各行政機関がそれぞれにシステムを導入する必要がありましたが、国が全国一律のサービスとして提供したことで、容易にオンライン申請を開始できるようになりました。ログインしなくても利用できますが、電子署名が必要なオンライン申請には、署名用電子証明書が搭載されたマイナンバーカードが必要です。

　オンライン申請の拡充は、自治体の行政手続きの効率化と住民のデジタル化による利便性の向上が早期に実現できるようにする重要な取り組みです。現在、「デジタル社会の実現に向けた重点計画」の「オンライン化を実施する行政手続の一覧等」には、「Ⅴ．地方公共団体が優先的にオンライン化を推進すべき手続」として58の手続きが定められています。

参 照　総務省「自治体の行政手続のオンライン化に係る手順書【第3.0版】」
https://www.soumu.go.jp/main_content/000944057.pdf

重要度 ★★★★

●行政機関から対象となる住民に向けてプッシュ型通知がくる

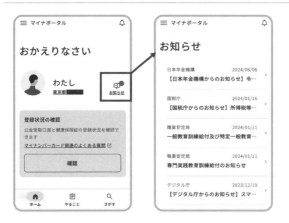

ほかにもこんなお知らせが…

- 引越し手続オンラインサービス利用時、市区町村から申請書・届出書の審査状況更新のお知らせ
- 市区町村から手続き現況届申請期間のお知らせ
- e-Tax(国税庁)から住民借入金特別控除証明書、確定申告のお知らせ
- ねんきんネット(日本年金機構)から年金関係のお知らせ
- e-私書箱(野村総合研究所)、MyPost(日本郵便)から保険料控除証明書のお知らせ etc.

注意　プッシュ型通知を受け取るには、スマートフォンの設定画面でプッシュ通知をオン(有効)にする必要があります。

●マイナポータルから手続きできるものがわかる

住所地の行政手続きが一覧でわかる！

さらにスクロールすると…

「ぴったりサービス」とも呼ばれています。

マイナポータルのサービス検索・電子申請機能を利用し、手続きをオンラインで行えるサービスのことを、「ぴったりサービス」とも呼んでいます。マイナポータル上にはこの名称はありませんが、自治体内や住民から聞くこともあるかもしれませんので、覚えておきましょう。

https://app.oss.myna.go.jp/Application/resources/about/index.html

まとめ +α　オンライン申請の拡充には、住民の利便性向上と行政の業務効率化双方の負担軽減がかなうしくみが必要です。この点でまとめられたのが「参照」部の資料です。よく確認し、実現に向けて動いてみましょう。

Part 4 マイナポータルを説明できるようにする

マイナポータルその他の機能①

外部サイトと連携してもっとつながる！

マイナポータルは、前頁までの法令に基づく４つの主要機能以外にも、ポータルサイトとして、機能の拡充が行われています。

マイナポータルと外部のウェブサイトのアカウントを連携することで、連携先のサイトでIDやパスワードを入力することなくログインが可能になるしくみです。

ねんきんネットやe-Tax、日本郵便のMyPostなど、対象サービスが拡がっています。特に、e-Taxとの連携は、医療通知情報や給与所得の源泉徴収票データの取り込み、ふるさと納税の寄付金控除額データなど、連携可能データの拡充が進められています。

１．引越し手続オンラインサービス

2023年2月から全自治体一斉に開始したマイナポータル上で転出届の提出と転入予約が可能になるサービスです。利用にはマイナンバーカードの署名用電子証明書が必要です。

２．パスポートのオンライン申請

2023年3月からマイナポータル上でパスポートのオンライン更新申請が可能になりました。これにより、従来は申請時と交付時の2回窓口に出向く必要がありましたが、1回で済むようになりました。

３．公金受取口座登録機能

公金受取口座は、緊急時の給付金などを円滑に支給するため、受取専用の口座を1人1口座登録する制度です。執筆時点では、マイナポータルからのみ登録できますが、今後は金融機関窓口や行政機関経由での登録も可能になる見込みです。

参照 デジタル庁「外部サイトとの連携」
https://myna.go.jp/html/identity_linkage.html

重要度 ★ ★ ★ ★ ★

●マイナポータルでできる行政手続き

引っ越しの手続き（引越し手続オンラインサービス）	①転出届の届出、②転入届提出のための来庁予定の申請ができる
パスポートの手続き	パスポートの新規発行、更新、記載事項変更、紛失届出の手続きができる
年金の手続き	国民年金の免除・猶予申請などができる
自治体への手続き	ぴったりサービス、子育て・介護などの申請ができる

Part 4

マイナポータルを説明できるようにする

まとめ +α マイナポータルと外部のウェブサイトのアカウントをつなぐ操作を初回のみ行うことで、2回目以降にはマイナポータルを入口としてつないだ先のウェブサイトのサービスを受けられるものです。

111

マイナポータルその他の機能②

機能拡充が進むマイナポータル

1．マイナンバーカードの健康保険証利用申込機能

　マイナンバーカードの健康保険証利用の申し込みは、執筆時点でマイナポータル、医療機関・薬局の顔認証付き IC カードリーダーまたはセブン銀行 ATM でできます。この申し込みには、マイナンバーカードと利用者証明用電子証明書のパスワードが必要です。

2．医療等分野の電子署名利用

　電子処方箋やオンライン診療などネットワーク上で医師などの医療従事者の資格を証明するための電子証明書（MEDIS HPKI カード）のセカンド認証としてマイナンバーカードによる認証を行うことができます。

3．マイナポータルの各種API

　API（Application Programming Interface）とは、異なるソフトウエアやウェブサービスをつなぐしくみです。

　マイナポータル API では、民間事業者や行政機関等のオンライン申請システムで受け付けた申請データをマイナポータルで受け付けたり、自らの個人情報を外部サービスに渡したりすることを可能にするものです。

4．法人設立ワンストップサービス

　法人設立登記などの法人を設立するときに必要な手続きが、オンラインでまとめてできるサービスです。

5．企業が行う従業員の社会保険・税手続ワンストップサービス

　事業主が行う従業員の社会保険・税手続きについて、対応する人事給与ソフトウェアを使用することで、複数手続きをまとめてオンライン申請できます。

6．就労証明書作成コーナー

　企業担当者の負担軽減の観点から、2024 年度分より事業者から市町村への提出がオンライン化される見込みです。

参照　デジタル庁「デジタル社会の実現に向けた重点計画」
https://www.digital.go.jp/policies/priority-policy-program#document01

重要度 ★★★★

●マイナポータルのAPIとは

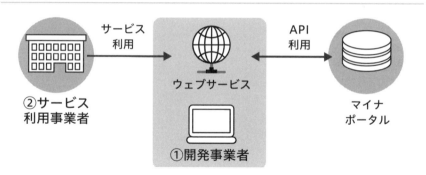

出典：マイナポータルウェブサイト「マイナポータルAPI仕様公開サイト」をもとに作成

●マイナポータルによる自己情報の開示（閲覧）のしくみ

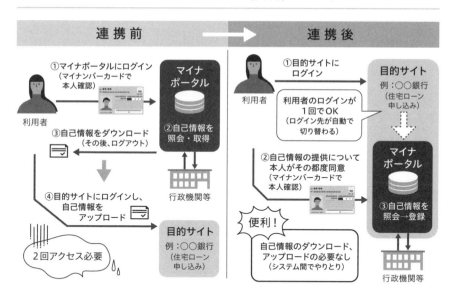

出典：マイナポータルウェブサイト「マイナポータルAPI仕様公開サイト」自己情報APIをもとに作成

まとめ +α デジタル社会の実現に向けた重点計画2024においては、国家資格等や引っ越し手続きのデジタル化のさらなる推進などさまざまな分野でマイナポータルの活用が謳われています。

マイナポータルのログイン方法

多様なログイン方法

　前頁のとおり、マイナポータルは、行政サービスの玄関口となるポータルサイトですが、マイナンバーカードによるログインが必要なサービスとマイナンバーカードがなくても利用できるサービスがあります。

◆PCでのログイン

　PCでのログインには、主に以下の方法があります。

①PCにマイナポータルアプリおよびブラウザ拡張機能をインストールしたうえで、ICカードリーダライタを接続してマイナンバーカードを読み込ませログインする方法

②マイナポータルのウェブサイト上の二次元コードをスマホのマイナポータルアプリで読み取る方法

　ICカードリーダライタを用意しなくても、マイナンバーカードに対応したスマホがたくさんありますので、②の方法は利便性が高い方法です。

◆スマホでのログイン方法

　マイナポータルアプリをインストールしたうえで、マイナンバーカードでログインすることができます。

スマホ用利用者証明用電子証明書

　執筆時時点では、iPhoneでは利用できませんが（2025年春利用開始予定）、マイナンバーカードの代わりにスマホだけで完結できる仕組みです。スマホ用電子証明書でマイナポータルにログインすることができます。なお、スマホ用電子証明書で利用できるサービスは限定されており、執筆時点では以下のとおりです（詳しくはP.54）。

◆子育て支援、引越し手続きのオンライン申請

◆コンビニ交付サービス

◆口座開設などの民間オンラインサービスの申し込み等

参照　マイナポータル「利用ガイド」
https://services.digital.go.jp/mynaportal-app/help/

114

重要度 ★★★★

● マイナポータルへのログイン方法

マイナポータルアプリを
ダウンロードし、
アプリを開く

マイナポータルアプリに
ログインする

暗証番号を
入力する

案内に従って
マイナンバーカードを
読み取る

ログインが完了すると
ウェブサイトが開く

デジタル庁YouTubeにもログイン方法の紹介動画がある。
https://www.youtube.com/watch?v=41Lz05kTILg

まとめ +α
スマホを使ったログインが非常に便利です。執筆時点では、スマホ用電子証明書が利用できるサービスは限定的ですが、対応サービスの拡充が期待されます。

Part 4 マイナポータルを説明できるようにする

Part 5

忘れちゃ
いけない！
安全管理措置

特定個人情報保護評価（PIA）の作成が義務づけられている

特定個人情報保護評価（PIA）ってなんですか？

　PIA とは、Privacy Impact Assessment の略で、「プライバシー影響評価」と訳されるとおり、プライバシー権等の侵害を未然に防止するための事前評価制度のことです。日本における PIA は、主に、初めて公的に PIA を導入した番号法の「特定個人情報保護評価」のことを指します。

　大規模な公共工事にあたっての環境への影響を評価する「環境アセスメント（環境影響評価）」は報道などで耳にすることが多いと思いますが、その情報システム版として、プライバシーへの影響を評価するのが特定個人情報保護評価です。

　情報システムの開発、改修等に際して、そのシステムで取り扱われるプライバシーリスクをあらかじめ評価し、利害関係者に対して明確化することを目的としています。

　番号法上では「特定個人情報ファイルを保有しようとする又は保有する国の行政機関や地方公共団体等が、個人のプライバシー等の権利利益に与える影響を予測した上で特定個人情報の漏えいその他の事態を発生させるリスクを分析し、そのようなリスクを軽減するための適切な措置を講ずることを宣言するもの」（個人情報保護委員会の資料より）としており、個人番号利用事務を実施するすべての自治体で PIA を実施しなくてはいけません。ちなみに、個人番号関係事務を行う庁内事業者等は任意で実施することができます。

　なお、特定個人情報については P.122 で解説しています。

参照　個人情報保護委員会「特定個人情報保護評価の概要」
https://www.ppc.go.jp/files/pdf/syousai.pdf

重要度 ★★★★★

●特定個人情報保護評価（PIA）の目的と対象

目　的

◎マイナンバー制度に対する住民の懸念を踏まえた制度上の保護措置の１つ
◎事前対応による個人のプライバシー等の権利利益の侵害の未然防止および
国民・住民の信頼を確保する

評価の実施主体

①国の行政機関の長
②自治体の長その他の機関
③独立行政法人等
④地方独立行政法人
⑤地方公共団体情報システム機構
⑥情報提供ネットワークを使用した情報連携を行う事業者（健康保険組合など）

①〜⑥のうち、特定個人情報ファイルを保有しようとする者または保有する者は、特定個人
情報保護評価を実施することが原則義務づけられる。

評価の対象

◎特定個人情報保護評価の対象は、特定個人情報ファイルを取り扱う事務
◎ただし、職員の人事、給与等に関する事項またはこれらに準ずる事項を記録
した特定個人情報ファイルのみを取り扱う事務、手作業処理用ファイル（紙
ファイルなど）のみを取り扱う事務、対象人数の総数が1,000人未満の事務
等については特定個人情報保護評価の実施が義務づけられない。

出典：個人情報保護委員会ウェブサイト「特定個人情報保護評価（概要版）」をもとに作成

Part
5

忘れちゃいけない！　**安全管理措置**

まとめ
＋α

特定個人情報保護評価（PIA）は、マイナンバー制度導入に伴い導入
された事前評価制度です。マイナンバーを取り扱うすべての自治体
での作成を義務づけられています。

特定個人情報保護評価（PIA）は
目的を意識しながら作成する

PIAってどうやって作るのですか？

　PIA を策定する際は、国の個人情報保護委員会のウェブサイトの「特定個人情報保護評価」ページに公開されている「特定個人情報保護評価の実施手順」に詳しく説明があります。この手順を必ず確認しましょう。

　ごく簡単にざっくりと、考え方の手順を説明します。右の図とあわせて確認してみましょう。

1. 【事前準備】個人番号を扱う事務については、「すべて PIA の対象だ」と思ってまずは調べ、保護評価の対象となる事務を特定し、特定個人情報保護評価計画管理書（計画管理書）を作成します。
2. 【しきい値判断】「しきい値判断」のフロー手順に基づいて、評価書の作成の要否、作成すべき評価書の種類を確認します。
3. 【評価書の作成】基礎項目評価書を作成（修正）します。
4. 【評価書の提出・公表】評価書ができたら、自団体で公表し、個人情報保護委員会にも届出を行います。
5. 【評価書の見直し】最低、年に 1 回は手順「2.」に戻り見直します。

PIAはどんなことに役立ちますか？

　個人番号利用事務や、システム内に蓄積された特定個人情報ファイルの安全性をシステム構築後にも継続的に確認する効果があります。

　さらに、個人番号利用事務やシステムでの取り扱い内容は、頻繁に法改正がされていますが、これらの変更を常に確認し、適法に扱うためのチェックツールとしても活用します。しきい値判断で評価書作成対象外になったものも、定期見直しの対象です。放置状態にならないように確認をしましょう。

参照　個人情報保護委員会「特定個人情報保護評価の実施手順（令和 6 年 5 月最終改訂）」
https://www.ppc.go.jp/files/pdf/PIA_zissitezyun.pdf
【他自治体のPIAを検索してみよう】個人情報保護委員会「マイナンバー保護評価書検索」
https://www.ppc.go.jp/mynumber/evaluationSearch/

重要度 ★ ★ ★ ★ ★

●特定個人情報保護評価（PIA）の流れ

計画管理書の作成

※特定個人情報ファイルを保有する前
（プログラミング前）に実施

特定個人情報保護評価の実施

しきい値判断

①対象人数、②取扱者数、③特定個人情報に関する重大事故の発生の有無に基づき実施すべき特定個人情報保護評価の種類を判断

基礎項目評価	基礎項目評価 ＋ 重点項目評価	基礎項目評価 ＋ 全項目評価

基礎項目評価書を個人情報保護委員会に提出した後、公表

重点項目評価書： 個人情報保護委員会に提出し、公表	〈地方公共団体等〉 全項目評価書： 住民等の意見聴取を実施し、第三者点検を行った後、個人情報保護委員会に提出し、公表	〈行政機関等〉 全項目評価書： 国民等の意見聴取を実施し、個人情報保護委員会の了承を得た後、公表

実施後の手続き

◎特定個人情報ファイルの取り扱いに重要な変更を加えようとするときは、特定個人情報保護評価を再実施

◎特定個人情報に関する重大事故の発生等により、しきい値判断の結果が変わり、新たに重点項目評価または全項目評価を実施するものと判断されたときは、特定個人情報保護評価を再実施

◎その他の変更が生じたときは評価書を修正

◎少なくとも1年に1回は評価書の見直しを行うよう努める

◎一定期間（5年）経過前に特定個人情報保護評価を再実施するよう努める

出典：個人情報保護委員会「特定個人情報保護評価の概要」

Part 5
忘れちゃいけない！ 安全管理措置

まとめ+α

PIAを作成するとき、「すべての事務がPIAの対象だ！」を念頭に置いて洗い出ししてみましょう。PIAは完成したら提出・公表を行うため、他自治体のものウェブサイトで参考にすることができます。

121

特定個人情報ってなに?

そもそも「個人情報」とは何を指すのか

　個人情報とは、個人情報保護法において「生きている個人に関する情報で、氏名、生年月日、住所、顔写真などにより特定の個人を識別できる情報」とされています。つまり、名前や生まれた日、住所などの情報や指紋や顔、声紋、DNA などの何かの情報（データ）によって、ある特定の人物を識別できる情報のことです。

　また、パスポート番号、健康保険の被保険者番号や、運転免許証番号、マイナンバーなどの番号、記号、符号など、その情報から特定の個人を識別できる情報かつ公的に定められたものを「個人識別符号」といいます。

個人情報にマイナンバーが加わると「特定個人情報」となる

　個人識別符号はそれだけで個人情報になるため、個人識別符号が含まれる情報は個人情報となります。たとえば、「マイちゃん」という愛称では誰だか特定できませんが、「保険証番号○番のマイちゃん」という情報は特定の個人を識別できますので、この情報のセットは個人情報となります。この個人識別符号の 1 つの種類であるマイナンバーを含む個人情報のことを、特別に「特定個人情報」といいます。

　特定個人情報と個人情報の違いを簡単にいうと、情報の取り扱いなどに適用される法律が「番号法」か「個人情報保護法」かの違いです。番号法は個人情報保護法の特別法なので、特定個人情報の取り扱いは番号法の適用が優先され、番号法の規定がない部分だけ個人情報保護法の適用を受けることになります。

　ただし、私たち行政機関の職員が取り扱う個人情報とは、基本的な情報の取り扱いに実質、大きな差異はなく、どちらも慎重に取り扱わなければなりませんが、目的外利用や第三者提供の制限などには違いがあります。

参照　個人情報保護委員会「特定個人情報の適正な取扱いに関するガイドライン（行政機関等編）（令和 6 年 5 月一部改正）」
https://www.ppc.go.jp/files/pdf/2405_my_number_guideline_gyousei.pdf

重要度 ★★★★★

●どんなものが個人情報にあたるのか

個人情報とは

特定の個人を
識別できるもの

個人の
身体のデータ

個人に割り振られる
公的に定められた番号等

出典：政府広報オンライン「「個人情報保護法」をわかりやすく解説 個人情報の取扱いルールとは？」をもとに作成

●個人情報と特定個人情報

個人情報
（生存する者の情報であることが前提）

特定個人情報

生存する者のマイナンバー（個人番号）

出典：個人情報保護委員会ウェブサイトをもとに作成

> **まとめ +α**
> 個人情報にマイナンバーが加わったものが、特定個人情報です。個人情報保護委員会や担当部署からの研修資料などに目を通して、必ずその違いを確認しておいてください。

マイナンバーで情報を一元管理するの？

国民情報の一元管理はしていません

　マイナンバー制度では、機関ごとに情報が管理されており、国等で一元管理されていません。つまり、マイナンバーをキーとした、たとえば全国民の膨大な個人データベースはこの世に存在しません。

　マイナンバーを使って業務情報を管理したり、マイナンバーをキーとしている業務データを検索したりすることも、番号法で定められた業務以外には認められていません。そのため、勝手にマイナンバーを使って国民の情報を「一元的に」管理するデータベースの構築をすることは、法律で禁じられています。

自治体ごとの情報管理は注意が必要

　一方で、市区町村の管轄内の住民の情報はどうかというと、その保有する個人情報の一元的データベースは、各団体（実施機関ごと）が設置している中間サーバーに存在しています（もちろん、番号法の範囲内です）。また、多くの市区町村では、マイナンバー制度開始前から、各業務情報（システム）をつなぐ宛名番号などの団体内限定のローカルな識別番号を利用して業務を超えた住民情報の利活用を行ってきました。

　さらに、市区町村では、国民健康保険等の被保険者番号、国民年金の基礎年金番号、障害者手帳の手帳番号など多くの住民の識別番号を保有しています。これらマイナンバーをはじめとした多種多様な個人情報を保持している市区町村の職員は、マイナンバーを含む特定個人情報であるか否かにかかわらず、十分な注意を払って住民情報を取り扱わなければなりません。

参照　デジタル庁「マイナンバー制度における個人情報の管理（分散管理）」
https://www.digital.go.jp/assets/contents/node/basic_page/field_ref_
resources/fb0b3edb-47c6-4eed-abeb-f161194a703f/20211116_policies_
posts_mynumber_security_05.pdf

重要度 ★★★★★

●個人情報は一元管理されません！

住民からよく、「マイナンバーなどの個人情報を一元管理しているの？」と聞かれることがありますが、そのようなしくみはありません。情報の管理は、これまでどおり、各機関で管理していた個人情報は引き続きそれぞれの機関で管理し、必要な情報を必要なときだけやりとりします（これを「分散管理」といいます）。マイナンバー（個人番号）をもとに特定の機関に個人情報を集約することはなく、そこから個人情報がまとめて漏れるようなこともありません。

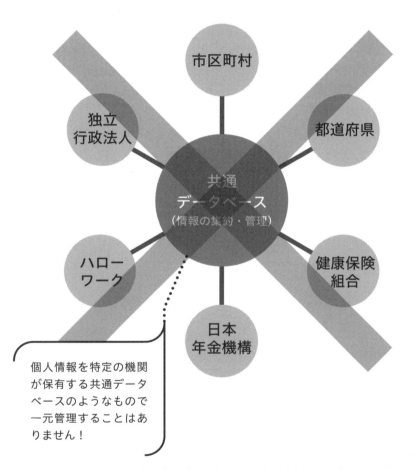

個人情報を特定の機関が保有する共通データベースのようなもので一元管理することはありません！

出典：デジタル庁「マイナンバー制度における個人情報の管理（分散管理）」をもとに作成

まとめ +α 　国民の特定個人情報を国で一元管理することはなく、自治体ごとに分散管理しています。一方、自治体内では、特定個人情報を、各自治体で設置している中間サーバーで管理しています。

Part 5　忘れちゃいけない！ 安全管理措置

マイナンバーの本人確認はどうやるの？

本人確認の根拠は？

　マイナンバーの本人確認に関する規定も、番号法に定められています。窓口や郵送等でマイナンバーを取り扱う事務の場合、この法令、規則に定められた規定に従って、確実に本人確認を行ってください。

　この規定は法施行規則でも十分に細かく、状況に応じた確認方法が記載されていますが、それでも実務上では判断に迷う場合があります。その場合は、事務を主管しているそれぞれの所管機関が定めた規定に従って判断をしましょう。

　たとえば、職員給与の所得税に関する事務については、所管は国税庁ですから、国税庁の国税関係手続きに係る個人番号利用事務実施者が適当と認める書類等を定める告示に従い、本人確認を行います。番号法施行規則の規定までは全国統一ですが、そこからさらに細分化した規定があるときは注意が必要です。

　皆さんの団体では、どこまで統一ルールが規定されているでしょうか？　あらためて確認をしておきましょう。

番号確認と身元確認を合わせて本人確認をする

　本人確認には、番号確認と身元確認の２種類があります。

　番号確認は、12桁のマイナンバーが正しいかどうか確認することです。申請書などでマイナンバーの記載欄があり、申請者からマイナンバーの提供を受ける場合にマイナンバーカード等で確認します。

　身元確認は、その申請書等の書類を提出した者、記載された者が誰なのかを確認することです。マイナンバーカードや運転免許証などの証明書類などで確認します（偽造証にも十分注意してください）。

　マイナンバーカードがあれば、番号と身元の両方の確認が一度に完了します。もちろん、マイナンバーカードに限らず顔写真付き証明書での身元確認には、顔写真との照合が必須になりますので、窓口では遠慮せずにしっかりと照合を行ってください。

重要度 ★★★★★

●マイナンバーの本人確認

マイナンバーカードによる本人確認の例を下図にまとめてみました。

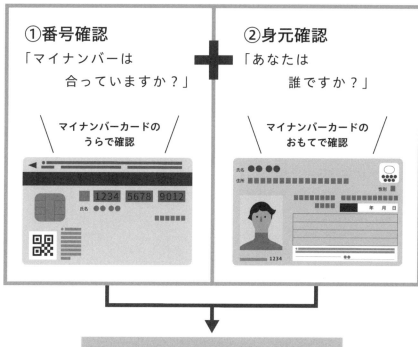

- ☑ マイナンバーだけでは不正はできません
- ☑ 間違いなく本人の情報で正しい相手に正しい判断が行われます

> **まとめ+α**
> マイナンバーの本人確認は、法令や規則に定められた規定に従って、確実に行います。また、本人確認は、番号確認と身元確認の2種類を行います。マイナンバーカードなら一気通貫です。

留意しなければならない マイナンバーの紐づけの誤り

マイナンバーの紐づけとは?

　本人確認（P.126）で触れましたが、マイナンバーの記載された申請書等の書類を受け取るときは、本人確認の一環として必ず番号確認（マイナンバーが正しく本人のものであるかを確かめること）が必要です。

　職員は、番号確認により入手した正しいマイナンバーを業務システムなどに入力し、そのシステム内の個人情報にマイナンバーを記録する作業を行います。この作業を行うことで初めて、マイナンバーと業務上の個人情報が紐づきます（マイナンバーの紐づけ）。

　この一連の作業によって、符号が生成され、他機関との情報連携により、住民が課税証明などの証明書を提出せずともこの情報をもとに行政手続きが行われることとなります。

なぜ紐づけのミスが起こるの? 紐づけを間違えるとどうなるの?

　紐づけの前提として、番号確認をきちんとしなければなりません。窓口などでマイナンバーカード等で確認ができれば問題ありませんが、これが難しい場合、職員側で住民基本台帳ネットワークなどのシステムを利用してマイナンバーを申請書に補記し、業務システムなどに入力する必要があります。この工程では、作業工数が多くなり、システムの検索ミス（同姓同名、同一生年月日のミスが多い）や検索結果の転記、入力ミスなどが発生してしまう可能性が高くなります。このミスのことを、「紐づけ誤り」と呼んでいます。

　このミスが起こってしまうと、他機関への情報連携で誤った情報が渡され、その情報をもとにした手続きも誤って行われてしまうなどの事象が発生します。もし紐づけ誤りを発見した場合は、即座に所管部署に報告し、該当する情報連携を停止して、必要な対応を行ってください。

参照　デジタル庁「マイナンバーカード関連サービスの誤登録等の事案に関するご質問・ご不安にお答えします」
https://www.digital.go.jp/policies/mynumber/related-services-issue

重要度 ★ ★ ★ ★ ★

●マイナンバーの紐づけ誤りなどでどんなことが発生したか？

どんなことが発生したか？	主な原因は？	その後どうしたか？
健康保険証情報（マイナ保険証）の紐づけ誤り ⇒他人の保険証に紐づけされてしまった（8,411件）	マイナンバーの紐づけ方の誤り マイナンバーの提出がなかった際に紐づけに必要な情報（漢字・ふりがな・生年月日・性別・住所）を保険者が確認していなかったため、同姓同名の方などに紐づけされてしまった	1. 届出へのマイナンバーの記載業務を明確化 2. 登録済みデータ全体をチェック
障害者手帳情報の紐づけ誤り ⇒他人の手帳情報に紐づけされてしまった（8自治体3,027件）	マイナンバーに紐づける手帳情報の誤り	すべての紐づけ実施機関において点検
共済年金での紐づけ誤り ⇒他人の年金情報に紐づけされてしまった（年金の支給額には影響なし）（119件）	マイナンバーの紐づけ方の誤り	1. 届出へのマイナンバーの記載業務を明確化 2. 登録済みデータ全体をチェック
公金受取口座の誤登録 ⇒他人の口座情報が登録されてしまった（940件）	登録時のログアウト忘れ	1. PC・スマホで申し込む際のシステムを改修 2. 自治体窓口で申し込む際のマニュアルを遵守 3. 940名の方に口座変更手続きのお願いを通知
マイナポイントの紐づけ誤り ⇒他人にポイント付与されてしまった（191件（141自治体））	入力時のログアウト忘れ	1. PC・スマホで申し込む際のシステムを改修 2. 自治体窓口で申し込む際のマニュアルを遵守 3. 決済事業者等との権利回復に向けて精査・調整
コンビニサービスにおける交付誤り ⇒他人の証明書が交付されてしまった（5自治体15件） ⇒誤った内容が記載されてしまった（12自治体45件）	交付システムの不具合	1. 交付システムの不具合 2. システム不具合について再点検中

出典：デジタル庁ウェブサイト
「マイナンバーカード関連サービスの誤登録等の事案に関するご質問・ご不安にお答えします」
マイナンバー関連情報参考資料（2023年8月25日現在）をもとに作成

まとめ+α 　本人確認作業でマイナンバーを誤入力してしまうと（紐づけ誤り）、情報連携も誤った情報を渡すことになり、その先の手続きも誤った状態で行われてしまいます。くれぐれも注意しましょう。

Part 5

忘れちゃいけない！ 安全管理措置

129

マイナンバーと個人情報の取り扱いは厳密がゆえに罰則がある

情報漏えいの罪だけではありません

　マイナンバーの取り扱いに関する罰則は、番号法に定められています。個人情報に関しての罰則は個人情報保護法に定められていますが、同じ罰則を犯した場合に番号法のほうが刑罰は重く設定されています。

　個人情報保護についても同様に、情報を漏らしてしまった場合だけではなく、不正にマイナンバーを取得したときなどにも罰則が科されます。十分に理解しておいてください。

　過失によるマイナンバー、特定個人情報の漏えい事故の際、ただちに職員に刑罰が適用されるということはありませんが、漏えいの状況によっては、個人情報保護委員会から自治体（職場）に対して指導・助言や勧告・命令を受ける場合があります。その命令に違反すれば、罰則が適用される可能性があります（該当事務の所管省庁や都道府県から別途報告等を求められる可能性ももちろんあります）。

　さらに、住民などから、民事上の損害賠償請求をされる可能性もあります。これは通常の個人情報の事故と同様です。なお、過失に近い事故であっても、組織や上長などから命令・注意喚起された情報セキュリティの対策を怠った場合には、処分も下されることがあります。

PIAの見直しも！

　マイナンバー、特定個人情報が外部に漏れたり、データの内容が失われたり、データの内容が意図しない形で変更や利用できない状態になったりしたとき、重大事故と判定されると、特定個人情報保護評価（PIA）の基礎項目評価以上のしきい値判定が変わり（重くなり）ます。

　この判定の変更は、他の部署が事故を起こしても、同じ実施機関内で特定個人情報を取り扱うすべての事務にも及ぶことを覚えておいてください。

参照　デジタル庁「マイナンバー制度における罰則の強化（令和4年5月25日現在）」
https://www.digital.go.jp/assets/contents/node/basic_page/field_ref_resources/fb0b3edb-47c6-4eed-abeb-f161194a703f/6cc5f451/20220802_policies_posts_mynumber_security_01.pdf

重要度 ★ ★ ★ ★ ★

●番号法で定められている主な罰則（一部）

やってしまったこと	罰の内容
職務で取り扱った特定個人情報ファイルを不正に提供したとき（第48条）	懲役4年 or 罰金200万・併科
職務上知ることとなったマイナンバーを、不正な利益を得る目的で提供または盗用したとき（第49条）	懲役3年 or 罰金150万・併科
情報連携や情報ネットワークシステムの運営の職務上の秘密を漏らしたり、盗用したとき（第50条）	懲役3年 or 罰金150万・併科
暴行、脅迫、詐欺行為、不正アクセスなどでマイナンバーを取得したとき（第51条）	懲役3年 or 罰金150万
職員が職権濫用や職務以外に使う目的で、特定個人情報の文書、データ等を収集したとき（第52条）	懲役2年 or 罰金100万
個人情報保護委員会の命令に違反したとき（第53条）	懲役2年 or 罰金50万
個人情報保護委員会の報告、資料提出要求や検査に応じなかったり、ウソの対応をしたとき（第54条）	懲役1年 or 罰金50万
マイナンバーカードを不正に交付を受けたとき（第55条）	懲役6か月 or 罰金50万

Part 5

忘れちゃいけない！ 安全管理措置

まとめ +α　番号法では情報漏えい等に関する罰則が条文として規定されています。マイナンバーは一生使うもので、原則、変更されるものではないうえ、住民の個人情報を扱うのは責任が伴う業務です。

事故発生時に対応するために
安全管理措置で備える

安全管理措置ってなんですか？

　安全管理措置とは、もともと個人情報保護法に規定された個人情報を正しく安全かつ適切に取り扱うための義務です。個人情報保護法の特別法である番号法でも同様に規定されています。

　詳しくは、個人情報保護委員会のウェブサイトにある「特定個人情報の適正な取扱いに関するガイドライン（行政機関等編）」の別添「特定個人情報に関する安全管理措置（行政機関等編）」を確認してください。

　安全管理措置の1つに人的安全管理措置があり、マイナンバーを扱う事務取扱担当者に対して教育を行うことが義務づけられています。

　つまり、マイナンバーに関する事務を行う部署の職員はもれなく研修を受け、住民から預かっているマイナンバーの安全な取り扱いに関しての正しい知識を学ぶ必要があります。がんばってください！

活用の研修もお忘れなく

　安全管理措置の研修はこのようにとても重要ですが、この研修のみに終始し、「マイナンバー、こわい！」とマイナンバーを過度に恐れられる事態を招くのも地方公務員としては考えものです。

　マイナンバー制度の全体像を知り、マイナンバーがどのように活用されるのか、利用者の視点で考えることが非常に重要です。

　たとえば、マイナンバーを利用した事務の結果がどのような影響を本人、その事務や他の組織にもたらすのか？　それを知ることは、事故が発生した場合の適切な対応を知ることにもなります。

　また、重要な社会インフラであるマイナンバーの効果的な活用により住民の利便性や行政事務の効率性を向上させることは、非常に重要なミッションです。

参照　個人情報保護委員会「特定個人情報の適正な取扱いに関するガイドライン（行政機関等編）（令和6年5月一部改正）」
https://www.ppc.go.jp/files/pdf/2405_my_number_guideline_gyousei.pdf

重要度 ★ ★ ★ ★ ★

●安全管理措置とは

組織的安全管理措置

- 組織体制の整備
- 個人情報の取扱いに係る規律に従った運用
- 漏えい等の事案に対応する体制の整備

など

人的安全管理措置

- 教育研修(個人情報の保護に関する研修、情報システムの管理・運用及びセキュリティ対策に関する研修、課室等の現場における保有個人情報の適切な管理のための研修)

基本方針・取扱規定

物理的安全管理措置

- 入退管理
- 第三者の閲覧防止
- 廃棄等

技術的安全管理措置

- アクセス制御
- アクセス者の識別と認証
- 外部からの不正アクセス等の防止
- 情報システムの使用に伴う漏えい等の防止

出典：個人情報保護委員会ウェブサイトをもとに作成

Part 5

忘れちゃいけない！ **安全管理措置**

まとめ +α　安全管理措置は、個人情報を正しく安全かつ適切に取り扱うために義務づけられているものです。マイナンバーを扱う事務取扱担当者に対する教育を行うなど、4つの視点から示されています。

133

著者略歴

遠藤芳行（えんどう・よしゆき）

特定非営利活動法人 Digital Government Labs（DGL）副代表理事
千葉市情報統括管理者（CIO補佐監）

　1986年大田区入庁。情報システム課、総務課情報セキュリティ対策担当など
を経て、2024年に退職。同年8月より千葉市CIO補佐監就任。
　マイナンバー制度発足前より自治体職員担当者向けの情報共有活動を積極的に
展開し、全国に先駆けて「大田区特定個人情報保護評価点検ガイドライン」を制
定するなど、特にPIA制度の普及に尽力する。2016年にはSNS上で行政職員デ
ジタルガバメント推進会議（通称「マイナンバー虎の穴」）を主宰、2020年には
DGLを発足し、副代表理事に就任する。

＊編集代表／Part 5 担当

平田拓也（ひらた・たくや）

苫小牧市総務部ICT推進室デジタル戦略担当副主幹

　2000年4月苫小牧市入庁。障害福祉課、教育委員会総務企画課などを経て、
2014年10月からマイナンバー制度の統括担当。2021年4月〜2024年3月まで
はマイナンバーカードの交付も担当し、カードの普及促進やマイナポイントの対
応を行う。2024年4月から現職。月刊J-LIS2020年1月号及び2024年3月号に
おいてマイナンバーカード普及等の取り組みについて寄稿。2024年6月から「デ
ジタル庁デジタル改革共創プラットフォームアンバサダー」。

＊Part 3、Part 4 担当

村上成道（むらかみ・なりみち）

郡山市保健福祉部障がい福祉課管理係長

　1994年4月郡山市入庁。情報政策課、障がい福祉課、政策企画課などを経て、
2019年4月に市民課配属となりマイナンバーカードを担当する。2021年4月か
らはマイナンバーカード係長として、郡山市マイナンバーカードセンターの運営
に携わり、2022年にはオンライン市役所にて「30分deマイナンバー基礎講座」
を講義するなどマイナンバーカードの普及促進に従事。月刊J-LIS2022年4月号
において初任者向け業務解説記事を寄稿。2022年11月に異動し現職。

＊Part 2 担当

森　大樹（もり・ともき）

伊賀市人権生活環境部住民課マイナンバー係長

　2004年入庁。広聴情報課、デジタル自治推進局を経て、2022年よりマイナン
バーカードの交付を担当。月刊J-LIS2023年4月号において初任者向け業務解説
記事を寄稿。2024年6月から「デジタル庁デジタル改革共創プラットフォーム
アンバサダー」。x（@mori）でマイナンバーカードやDXについて情報発信して
います。

＊Part 1 担当

基本から庁内の動きまでしっかりわかる
図解 自治体マイナンバー業務

令和 6 年 9 月10日　第 1 刷発行
令和 7 年 6 月30日　第 4 刷発行

共　著　遠藤　芳行、平田　拓也、村上　成道、
　　　　森　大樹

発　行　株式会社ぎょうせい

〒136-8575　東京都江東区新木場1-18-11
URL：https://gyosei.jp

フリーコール　0120-953-431

ぎょうせい　お問い合わせ　検索　https://gyosei.jp/inquiry/

〈検印省略〉

印刷　ぎょうせいデジタル株式会社　　　　　　　　©2024　Printed in Japan
※乱丁・落丁本はお取り替えいたします。

ISBN978-4-324-11389-9
(5108941-00-000)
〔略号：図解マイナンバー〕